나는
매일 책을
읽기로 했다

서른 살 고시 5수생을
10만 부 베스트셀러 작가로 만든
기적의 습관!

김범준 지음

나는
매일 책을
읽기로 했다

비즈니스북스

나는 매일 책을 읽기로 했다

1판 1쇄 발행 2018년 6월 29일
1판 13쇄 발행 2024년 7월 19일

지은이 | 김범준
발행인 | 홍영태
편집인 | 김미란
발행처 | (주)비즈니스북스
등 록 | 제2000-000225호(2000년 2월 28일)
주 소 | 03991 서울시 마포구 월드컵북로6길 3 이노베이스빌딩 7층
전 화 | (02)338-9449
팩 스 | (02)338-6543
대표메일 | bb@businessbooks.co.kr
홈페이지 | http://www.businessbooks.co.kr
블로그 | http://blog.naver.com/biz_books
페이스북 | thebizbooks
ISBN 979-11-6254-027-5 03190

비즈니스북스는 독자 여러분의 소중한 아이디어와 원고 투고를 기다리고 있습니다.
원고가 있으신 분은 ms1@businessbooks.co.kr로 간단한 개요와 취지, 연락처 등을 보내 주세요.

책을 읽는 사람은 흔들리지 않는다

몇 년 전만 해도 내가 책을 쓰게 될 줄은 몰랐다. 전국을 누비는 강연자가 된다는 건 꿈도 꾸지 못했다. 평범한 직장인으로 회사에서 버틸 수 있을 때까지 버티다 결국 조직을 나와 작은 가게 하나라도 내야겠다는 막연한 소망만 있을 뿐이었다. 나도 남들이 사는 대로 비슷하게, 지극히 평범하게 살 것이란 생각만 했다. 8년 전에 회사를 그만두고 프랜차이즈 치킨 가게를 차렸다가 지금은 공인중개사 시험을 준비하는 이 차장처럼 말이다.

그런데 어느 순간부터 내 인생의 방향이 변하기 시작했다. 좋은 방향으로의 아름다운 변화였다. 그 변화의 도구는 바로 책이었다.

제대로 된 독서를 시작하면서 회사에 다니느라 몰랐던, 가족을 부양하느라 외면했던 내 잠재력을 만나게 되었다. 그 잠재력을 현실 세계에 펼치는 법을 책에서 배웠다. 그렇게 마음속에 꽁꽁 숨겨두었던 일들이 하나하나 실현되기 시작했다.

습관이라는 마법

일상을 찬찬히 들여다보면 누구나 매일 행하고 있는 자신만의 습관을 발견하게 된다. 이를테면 아침에 일어나자마자 물 한 잔 마시기, 직장에서 두서너 층 정도는 계단으로 오르기, 점심식사 후 가벼운 스트레칭하기, 저녁마다 일기 쓰기 등이 그것이다. 그런데 이런 사소한 습관이 인생을 보다 풍요롭고 건강하게 하는 결정적인 이유가 되는 걸 우리는 미처 깨닫지 못하는 경우가 많다. TV편성표만 봐도 하루에 꼭 하나는 보통 사람들이 쉽게 지나치는, 하지만 누군가는 적극적으로 활용해 인생의 성공비결로 만든 이 사소한 습관을 소개하는 프로그램이 있다. 그럼에도 우리는 무의식적으로 행하는 습관을 '위대함에 이르는 길'이란 관점에서 보기보다는 그냥 지나쳐도 되는 아무것도 아닌 것으로만 바라본다. 습관을 어떤 시선으로 바라보느냐에 따라 일상이, 인생의 수준이 달라짐을 모르는 안타까운 일들이 지금도 우리 주변에서 벌어지고 있다.

영어 단어를 외우던 습관으로 한 아이가 동시통역이 가능할 만큼 영어를 잘하게 되었다는 이야기를 들었다. 좋은 습관이 가져온 아름다운 결과다. 그 반대도 있다. 폭식하는 습관 때문에 살이 찌고 몸이 둔해져 몸과 마음이 병들었다는 경우다. 우리 삶은 대단한 게 아니다. 작은 습관들이 모여 이루어진 결과물일 뿐이다. 그렇다면 결론은 나왔다. 자신의 삶을 보다 긍정적으로 변화시키고 싶다면 좋은 습관을 가지려는 의지와 노력이 필요하다.

내게도 현재의 삶을 긍정하며 미래의 인생에 희망을 품게 만든 좋은 습관 하나가 있다. 이미 짐작했겠지만 매일 책을 읽는 습관이다. 어릴 적부터 책을 좋아했지만 그것은 단지 취미로서 가볍게 읽는 수준이었을 뿐, 내 삶을 송두리째 바꾸는 힘이 될 거라고 생각하지 못했다. 실제로도 성인이 되어서 상당기간 동안 독서는 내 삶에 아무런 도움이 되지 못했다. 하지만 인생의 고비에서 무의미한 취미가 아닌 전략적인 습관으로 책을 읽어보자고 다짐했던 바로 그 순간부터 독서는 내가 감히 꿈꾸지 못했던 것들까지 하나하나 긍정적으로 성취하게 해주는 도구가 되었다.

독서는 세상 그 누구라도 쉽게 접할 수 있는, 언제고 어느 때고 만날 수 있는 가벼운 행동이다. 하지만 그것을 전략적으로 일상에서 실천해나가는 '생활형 독서'로 만들자 책은 나의 아름다운 삶을 보장하는 원동력이 되었다. 무의미한 TV 시청, 그보다 더 무의미한 스마트폰 들여다보기 등으로 인생의 시간을 갉아먹던 내가 극적으로 성장하는 계기가 되었다. 삶의 전환점이 되었던 바로 '그때'가 없었다면 나는 지금 어떤 모습일까. 생각하고 싶지도 않다.

미래에 투자하는 책 읽기

'그때' 나는 직장생활 10년을 갓 넘기고 있었다. 회사를 언제 떠나게 될지도 모른다는 불안과 가정을 제대로 부양하지 못하고 있다는 죄책감으로 하루하루가 괴로웠다. 그러다가 우연히 다시 책을 읽기로 했고 그때부터 모든 게 달라졌다. 30권 정도 읽었을 때는 잡념으로 가득했던 머릿속이 맑아졌다. 심리적으로 안정이 되었다. 누군가의 눈치를 볼 일이 사라졌다. 100권을 읽고 나자 일에서도 관계에서도 자신이 붙었다. 특히 영업사원인 나는 사람을 만나는 일이 중요했는데 영업과 대화법에 대한 책을 읽으며 어떤 상대를 만나도 이야깃거리가 준비되어 있어 만남에 대한 두려움이 사라졌다. 365권이 넘어서자 나는 완전히 다른 사람이 되어 있었다. 모든 일에 불평불만을 일삼던 과거의 나는 전혀 찾아볼 수 없고 긍정적으로 모든 일에 임하게 되었다. 이것이 전부 1년 남짓의 기간에 일어난 변화였다.

그렇게 시작한 책 읽기는 이제 10년이 넘었다. 그 사이에도 변화는 계속됐다. 약 1천 권의 책을 읽었던 3년째(2011년)에는 《회사어로 말하라》라는 첫 책을 집필, 출간했다. 그것을 시작으로 수많은 기업에서 조직 커뮤니케이션에 대한 강연을 진행했다. 말과 대화, 글과 언어 등에 대한 사람들의 욕구에 주목하면서 관련 분야의 책만 500여 권 이상을 구입해 읽었으며 결국 현재까지 13권의 책을 출간한 작가가 되었다. 작년에 출간한 《모든 관계는 말투에서 시작된다》는 10만 명이 넘는 독자에게 사랑을 받으며 베스트셀러에 오르기도 했다. 모두 꿈같은 일이다.

취미로 책을 읽으려고 하는 거라면 지금처럼 즐겁게 읽으면 된다. 하지만 나처럼 책에서 무언가를 배우고 깨닫고 인생을 바꾸고 싶다면, 그것을 통해 삶의 근본적인 변화를 꿈꾸고 싶다면 투자 수단으로서의 책 읽기를 권한다. 생활처럼 습관처럼 매일 책을 읽으며 미래에 투자하라. 책을 읽으면서 성장하는 기쁨을 계속 접하다 보면 나중에는 하루라도 글을 읽지 않으면 밥 한 끼를 거른 것처럼 허기를 느끼게 될 것이다.

독서는 양도 중요하지만 질적인 전략이 더욱 핵심이 되어야 한다. 매일 잘 계획된 운동을 해야 근육이 붙고 살이 빠지는 것처럼 매일 잘 준비된 프로그램에 따라 책을 읽어야 차곡차곡 지식이 쌓이고 어디서든 써먹을 수 있는 지혜가 된다. 제대로 된 운동을 하고 좋은 음식을 먹어야 몸이 건강해지는 것처럼 내 삶에 도움이 되는 책을 선택하고 전략적으로 읽어야 성장할 수 있다. 이것을 해내기만 하면 인생이 바뀐다. 무조건 좋은 방향으로.

책을 아주 좋아하는 사람도 막상 매일 책 읽기에 도전하면 어려움이 있을 수 있다. 스마트폰을 켜는 일은 굳이 습관을 들이려고 맘먹지 않아도 쉽게 할 수 있지만 책을 펼치는 일을 생활처럼 만드는 일은 쉽지 않다. 하지만 아주 어려운 일도 아니다. 나를 바꾸고 싶다는 간절함 그리고 효율적인 방법이 있다면 누구나 가능하다. 이 책은 그 이야기를 담고 있다. 지금부터 내 인생을 바꿔준 책 그리고 독서에 대한 이야기를 시작해보려 한다.

책 읽기 가장 좋은 계절 여름을 맞이하며
김범준

제6장 나는 매일 이렇게 읽었다

제7장 책과 잘 이별할 줄 알아야 진정한 독서가

나는 삶을 변화시키는 아이디어를 항상 책에서 얻었다.

— 벨 훅스(Bell Hooks)

제1장

책이
나를
살렸다

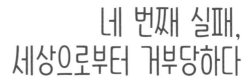

네 번째 실패,
세상으로부터 거부당하다

그것은 내가 살아온 방식, 아니 삶 자체가 틀렸다고 부정당하는 경험이었다. 때는 행정고등고시에서 네 번째 불합격 통보를 받고 난 후였다. 모든 것이 무너지는 것 같았다. 5년 동안 준비했던 행정고등고시를 그만두기로 했을 때 다시는 제대로 일어설 수 없을지도 모르겠다고 생각했다. 오랫동안 뒷바라지해주신 부모님 앞에서 고개도 들 수 없었다. 그저 난 지금까지 운이 좋았던 것일까? 누군가의 합격 수기처럼 죽을힘을 다하지도 않았는데도 소위 명문대에 입학했고 그 뒤에는 부모님께 나는 뭐가 되도 될 놈으로 항상 기대를 받으며 살았다. 비상하게 머리가 좋은 놈, 학교 성적도 좋으니까 행정고등고시도 당연히 합격할 수 있을 거라는 자신이 있었다. 하지만 호기롭게 시작한 고시 공부에서 나는 처참하게 실패했다.

이미 직장생활을 시작한 친구들은 각자의 분야에서 자리를 잡은 나이 서른 살, 나는 그 나이에 뒤늦게 구직 활동을 시작했다. '대학원을 다닌 것도 아닌데 나이 많은 신입사원을 과연 뽑아줄까?' 하는 생각보다 '친구들을 따라가려면 얼마나 시간이 걸릴까? 쫓아갈 수나 있을까?' 그런 마음으로 밤잠을 뒤척이며 날마다 불안했다. 그런 내가 지금의 회사에 합격한 건 천운이었다. 그래서 회사에서 합격 통보를 받았을 때, 원했던 곳에 입사했다는 기쁨보다는 안도의 한숨이 나왔다. '아, 드디어 출발점에 서긴 했구나.'

사람이 겪는 인생 그래프로 보자면 나는 초반에 거칠 것 없이 잘 나갔다. 그러나 계속 상향선을 그리던 인생 그래프는 사회 진입을 코앞에 둔 시점에 고꾸라졌다. 그렇게 남들보다 한 템포 늦게 출발했다. 하지만 나름대로 좋은 직장에, 곧 사랑스러운 아내와 결혼해 안정적인 삶을 꾸려 나갔다. 그래도 내 마음 속 인생 곡선은 좀처럼 고시 실패 이전으로 돌아가지 못했다. 그때는 괜찮다고 얼버무렸지만 많은 사람들의 기대를 한 몸에 받으며 100퍼센트 자신감으로 도전한 일에 실패한 것은 나름대로 큰 충격이었다. 결정적으로 스스로 갖고 있던 '나에 대한 기대'를 충족하지 못했다는 사실 때문에 그 이후로도 꽤 오랫동안 괴로웠다.

살기 위해 다시 책을 찾다

내가 책을 '다시' 보게 된 것은 입사한 지 10여 년, 결혼하고 몇 년 지난 후였다. 앞만 보고 달리다 보니 시간은 어느새 한참 지나 있었다. 그런데도 마음 한구석에는 지난 실패에 대한 괴로움이 완전히 사라지지 않은 모양이었다. 그 괴로움 때문에 스스로를 채근하며 학대했다. 상사의 눈치를 보며 야근하다가 이런저런 핑계로 1차, 2차 그리고 3차까지 악착같이 술자리를 전전하고 귀가하는 일이 잦았다. 모아놓은 돈도 없으면서 주변 사람들과 수준을 맞춰 보겠다고 평일엔 골프연습장에, 기회만 되면 라운딩을 하러 다녔다. 내 주변에는 가족을 위해, 미래를 위해 재테크에 열중하거나 새로운 공부를 시작한 사람도 있었지만, 그 시절 나는 그냥 모든 것들이 빨리 지나가기만 바랐다. 그 사이 점점 고학력 고스펙의 후배들이 치고 올라오고 있었고 내게는 소위 '짬밥' 이외에 내세울 것도 없는 상황이 되었다. 그리고 나보다 먼저 승진해 앞서가는 동기를 보며 신세 한탄만 했다. 하나밖에 없는 아들에 대한 기대가 남달랐던 부모님은 평범해진 아들에게 실망했고, 아이들 뒤치다꺼리에 시달리는 아내는 남편을 그냥 '평범한 월급쟁이' 그 이상도 이하도 아닌 사람으로 보는 것 같았다.

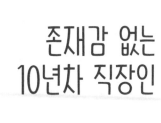

존재감 없는
10년차 직장인

돌아보면 나는 직장생활에도 아무런 의욕이 없었다. 내가 계획했던, 원했던 일이 아니라는 생각 때문이었다. 고시에 실패한 낙오자가 어쩔 수 없이 선택한 차선. 그래서일까 회사에 적응하기 위해 상사와 선배로부터 예쁨을 받으려고 고군분투하는 동기들의 행동이 모두 부질없게 느껴졌다.

지금 떠올려보면 쥐구멍이라도 찾고 싶을 정도로 부끄러운 일이지만 그때 나는 이상한 우월감에 빠져 있었다. 여기 있을 내가 아닌데, 나는 여기 어울리는 사람이 아닌데, 이런 생각을 늘 했다. 영어 학원을 다니며 영어 실력을 키운다 한들, 스피치 학원에 다녀

말을 잘하게 된다 한들 어차피 한낱 직장인에 불과한데 왜 다들 아 등바등하며 사는 걸까.

이래도 흥 저래도 흥, 회의적인 내 태도를 부채질한 이유가 하나 더 있었다. 내가 입사한 부서가 바로 영업부였다. 비교적 내성적인 성격에 낯도 가리고 말수도 적었던 내가 영업직으로 입사했을 때 학교 선후배, 친구, 심지어 부모님까지 모두 의아해했다. '네가 영업이라니 의외네.', '영업이 사람을 상대하는 일이라 어렵게 느껴져도 일단 잘해내면 다른 일들은 식은 죽 먹기야.' 입사 당시에 나는 축하보다 당부나 위로의 이야기를 더 많이 들었다. 업무가 내 성격과 적성에 맞지 않으니 회사를 오래 다니지 못할 거라는 생각도 들었다. 그런 마음은 아무리 감추려고 해도 티가 났다. 신입 시절에는 선배들로부터 매사 의욕이 없고 성의가 없다고 자주 지적을 받았다.

당시에는 나의 그런 태도를 자각하지 못했다. 지적을 들을 때마다 '성격하고 안 맞아도 회사와 일에 적응하려고 노력 중이라고!' 꼬박꼬박 회식에 참석하고 매일 야근까지 하는데 평가는 왜 그렇게 박한지 서운하고 화만 났다. 그런 회사 생활이 계속됐다. 3년, 5년 연차가 쌓여 대리가 됐고, 차근차근 진급의 단계를 밟고 있었다. 하지만 동기들보다는 다소 늦은 템포였다. 한 박자씩 늦어지던 템포는 10년이 지나자 나는 여전히 팀원, 친한 동기는 이미 한 부서의 팀장이 되는 차이를 만들었다.

나만의 무기가 필요했다

자기가 원해서 입사했든, 어쩌다 직장생활을 시작했든 조직에 속한 사람이라면 누구나 한 회사에서 평생 일할 수 없는 현실을 잘알 것이다. 나도 그랬다. 차선이어도, 이 일이 성격에 맞지 않아도 10년 정도 일하면 전문가가 되겠지 하는 생각으로 버텨왔다. 10년정도 일하면 관록도 생기고 언제 어떤 회사든 갈 수 있는 능력을갖게 되리라고 생각했다. 하지만 10년이 지나도 스스로 이 분야의전문가라는 느낌이 전혀 없었다.

사실 회사에서 나는 일을 아주 못 하는 직원은 아니지만 그렇다고 막 뛰어난 인재도 아니었다. 그저 그런 직원이었다. 아이들은 점점 크고 아내는 나만 보고 있는데 하루하루 회사 생활이 불안했다.동기들보다 뒤쳐진, 언제든 대체될 수 있는, 후배가 내 자리를 대신해도 전혀 티 나지 않는 그런 사람이 바로 나였다. 그래서 선배의지적 하나에도 전전긍긍했고 업무 하나하나가 모두 스트레스였다.정말로 낙오자가 되어버린 것 같았다. 하나라도 제대로 하지 않으면 회사에서 내처질 것 같았다. 매일 아슬아슬 줄타기를 하는 기분이었다. 친한 동기가 칭찬을 받거나 승진이라도 하는 날에는 왜 나는 저렇게 되지 못하는지 괴로웠다. 그러니 승진한 동기를 기분 좋게 축하하지도 못하는 게 당연했다.

"너만의 영역을 구축해야 해. 너만이 할 수 있는 무언가가 있을 때 비로소 회사도 너를 계속 붙들려고 하지."

선배들이 줄기차게 해온 말들이 자꾸만 가슴을 후볐다. 하지만 어디서부터 어떻게 극복해야 하는지 도통 알 수가 없었다. 그날도 애꿎은 친구 하나를 불러 신세 한탄을 했다. '박 팀장은 뭐 하나 잘 하는 것도 없는데 어떻게 나보다 먼저 승진하는 거지? 아무리 생각 해봐도 회사가 이상해!' 만날 같은 레퍼토리의 내 신세 한탄에 질 려버렸던 것일까. 그날따라 친구가 날을 세우며 말했다.

"박 팀장? 그 친구는 신입 때부터 스피치 학원, 대학원 다니며 공 부했다는 동기 아니야? 잘하려고 그렇게 노력했는데, 업무용 프로 그램 자격까지 취득하면서 실력을 업그레이드했는데 잘되는 게 당 연하지. 너는 그동안 뭘 했어? 회식에나 쫓아가는 게 다지?"

아무 말도 할 수 없었다. 정말 그랬다. 이상한 우월감에 동기들의 모든 노력을 무시해왔다. 내 업무에서 나만의 전문성을 찾기는커 녕, 업무 자체를 부정하는 말을 시도 때도 없이 했었다. 내게 의욕 이 없다, 성의가 없다고 했던 상사들의 평가가 갑자기 이해가 됐다.

아마 그때부터였을 거다. 다른 사람에게는 없고 지금의 내가 유 일하게 갖고 있는 건 뭘까? 그런 고민을 시작한 건.

그렇게 애썼는데
아이들에게는
'잠만 자는' 아빠!?

아이가 생기고 난 후 주말은 꼭 아이들과 함께 시간을 보냈다. 아이가 있는 사람이라면 누구나 그렇겠지만 나 역시 아이들에게 존경받는 아빠가 되고 싶었다. 친구 같으면서도 언제나 힘이 되는 든든한 아빠, 그런 존재가 되고 싶었다. 주말에 꼭 한 번은 아이와 같이 어울리는 시간을 갖자는 것이 내가 생각한 좋은 아빠가 되기 위한 최소한의 노력이었다.

멀리 외출은 못 하고 동네 놀이터로 아이들과 나간 어느 날이었다. 캐치볼 도구를 챙겨갔지만, 여섯 살 된 아들은 마침 놀이터에 있던 또래 여자애들과 놀고 싶다면서 캐치볼은 나중에 하자고 했다. 잘됐다 싶었다. 전날 거래처 접대로 과음한 탓에 기력도 없었다. 친구들과 놀아라, 벤치에서 기다리마, 하며 애를 보냈다. 그리고 휴대폰으로 프로야구 중계를 보면서 빈둥빈둥 아이를 기다렸다.

"여보, 잔소리 좀 그만해. 나도 힘들어. 팀장은 닦달하지 후배들은 치고 올라오지. 회사가 얼마나 힘든 줄 알아?"

순간 심장이 철렁했다. 바로 아들의 목소리였다. 다른 애들과 소꿉놀이 중 아빠 역할을 하게 된 아들이 저런 말을 하고 있었다. 아이에게 나는 저런 푸념이나 하는 아빠가 되어버린 걸까. 당장이라도 아이를 잡고 묻고 싶었다.

한참 동안 아들의 소꿉놀이를 지켜봤다. 아들은 집에 오면 자기 바쁘고, 아내에게 서운한 소리를 하고, 애들에게는 항상 'OO 하지마'라고 말하는 아빠를 연기하고 있었다. 회사에서는 인정받지 못해도, 집에서는 좋은 아빠로 인정받고 있다고 생각했는데 그게 아니었다. 회사에서도 가정에서도 나는 무의미한 존재였다.

책이 인생을 바꾼다면서!?

집에 돌아왔지만 나는 아이에게 아무것도 물어볼 수 없었다. 겁이

났다. 아들에게 '아빠는 늘 잠만 자고, 우리한테 뭐든 하지 말라고만 하잖아'라고 듣게 되면 정말 모든 게 무너질 것만 같았다.

아이들이 다 잠들고 난 그날 밤, 아내와 식탁에 마주 앉아 놀이터에서의 일을 이야기했다. 아내와 이야기를 하고 싶었다.

"내가 정말 그래? 나는 한다고 하는 건데, 당신한테도 서운한 소리만 하고 그래?"

아내에게 조심스럽게 물어봤다. 아내는 예상치 못한 질문을 받았다는 듯 당황했다. 처음에는 '애들이 TV에서 보고 듣는 게 다 그런 거잖아'라고 했지만 대화가 계속되자 아내가 속내를 털어놓기 시작했다.

"예전의 당신답지 않게 요즘 이상하긴 해. 당신 힘든 거 알지. 요즘 회사가 평생직장, 이런 개념도 아니고 여러모로 불안하잖아. 그러니까 예전과 다르게 짜증 내는 일도 많아지고…. 애들이 보는 아빠가 그런 모습이니까 그렇게 흉내 내지 않았을까. 어쩔 수 없지. 회사가 힘드니까. 이제부터라도 조심하자. 우리 애들, 말도 잘 듣고 착하잖아. 예쁘고."

아내의 위로에 마음이 더 팍팍해졌다. 내 인생이 실패한 것만 같았다. 아내에게는 먼저 자라고 안방으로 들여보내고 텅 빈 거실에 앉았다. 혼자 있고 싶었다. 펑펑 울고 싶었다. 열심히 살았다고 생각했는데 이거밖에 안 되는 내 자신이 서러웠다. 벌써 마흔인데, 중

견사원인데, 아이들은 이렇게 커 가는데 아무것도 이뤄놓은 게 없는 것만 같았다. 철저하게 내 능력이 부족하다는 것을 확인한 것 같아서, 나의 존재감 없음을 받아들여야만 하는 것 같아서 외롭고 쓸쓸했다.

　그때였다. 거실 책장에 있던, 며칠 전에 서점에서 산 책이 눈에 띄었다. 《인디라이터》라는 책이었다. 책을 읽고 책을 쓰면 인생을 바꿀 수 있다는 내용의 책이었다. 나처럼 평범한 직장인으로 살다가 우연한 기회에 나름의 독서법으로 책을 읽고 해석하며 결국에는 책을 출간하게 된 명로진 작가의 책이었다. 외근을 나갔다가 잠깐 들른 강남 교보문고에서 생전 처음 본 단어 '인디라이터'에 혹해서 보다가 '나도 언젠가 내 이름으로 된 책을 쓰고 싶다'는 마음에 충동구매한 책이었다. 그러고는 집에 와서 읽지도 않고 책장 한 구석에 쳐 넣었었다. 근데 그 밤에 갑자기 그 책이 눈에 들어왔다. 책을 읽기 시작했다. 수많은 책을 읽고 나중에 직접 글을 쓰면서 자신이 변하게 됐다는 이야기, 과연 그럴까? 하는 의심이 들었다. 그렇다면 수백 권의 책을 읽은 나는? 아니 지금 이 방바닥에 널브러져 누워 있는 무기력한 이 남자는 누구란 말인가.

　나는 책을 안 읽는 사람이 아니었다. 아니, 책을 좋아했다. 고등학교 시절에는 '도서반'이라는 모임을, 대학교 때는 '문예사랑'이라는 동아리에서 책을 읽고 토론도 했다. 분명 나는 내 주변의 어떤 사람들보다 책을 많이 읽는 사람이었다. 책을 읽은 뒤 인생이 바뀔 수 있는 거라면 나는 이미 수십 번 아니 수백 번은 바뀌었어야 했다. '어떻게 책을 읽으면 인생을 바꿀 수 있다는 것일까?'라는 생각이 들었다. 그런 마음으로 그 책을 무작정 계속 읽어나갔다.

그 밤, 나의 '진짜' 독서 인생이 시작된 순간이었다.

결국 독서만이
힘이다

인생을 변화시키기 위해 어째서 나는 '독서'를 선택했을까. 막연하게나마 책은 한 사회, 한 나라를 바꿔놓을 만큼 강력한 힘을 갖고 있다고 생각했다. 그렇다면 나라는 한 명의 사람은 얼마든지 그리고 극적으로 변화시킬 수 있으리라.

2008년, '불온서적' 사건이 있었다. 국방부에서 몇몇 책들을 사상이나 태도 따위가 체제에 순응하지 않고 맞서는 내용의 책으로 보고 '불온'한 책으로 지정해 군내 반입 및 소지를 금지시켰던 일이다. 그런데 불온서적 책들 중에는 세계적인 경제학자가 쓴 책, 이미 대학교의 교양수업 교재로 사용 중인 책도 있었다. 우스운 건 사람들이 이 소식을 듣고 불온서적을 더 찾아 읽었다는 사실이다. 한 서점에는 불온서적 코너가 아예 따로 마련되었다. 읽지 말라고 한 책을 사람들이 더 찾아 읽게 되었다. 군인들마저 휴가를 나와 그 책을 읽는 상황이 발생했다.

"책은 거대한 힘이다."라는 레닌의 말처럼 독서는 기존의 모든 질서를 바꿔놓을 만한 파워풀한 도구다. 불온서적이라는 기준 역시 책 그 자체가 갖고 있는 강력한 힘을 두려워해서 생겨난 것이 아닐까. 생각해보라. 기득권 세력은 대중이 어리석은 편이 체제와 사회를 자기 마음대로 쥐고 흔드는 데 편하다. 그래서 과거에 일부러 음악이나 스포츠 등을 대대적으로 권장하며 대중의 시간을 소비하게 부추긴 일도 있었다. 대중이 그저 재미만 추구하면서 하루하루 살기를 바란 것이다. 한 고위 공무원이 내뱉었다는 '민중은 개돼지다'라는 발언 역시 그런 시각에서 비롯된 말일 것이다. 그러니 어리석음 자체를 거부한다는 측면에서 보면 독서는 일종의 혁명이다. 책을 읽는 행위는 지식과 정보 그리고 새로움을 받아들이는 것, 책을 읽는 사람은 독서로 인해 자신을 변화시키고 주변을 개선하며 궁극적으로는 사회와 체제의 발전을 기대한다. 그래서 불온서적 사건은 내게 책의 힘을 재확인시켜준 일이었다.

개인의 입장에서도 독서는 혁명이다. 독서는 스스로를 깨부수는 행위이다. 과거의 자신을 전복하고 주저 없이 앞으로 나아가게 만든다. 영화 〈설국열차〉를 보았는가. 얼어붙은 세상에서 살아남은 사람들은 무의미하게 끝없이 도는 기차에 타고 있다. 이 기차는 나름의 질서를 가지고 운영되는데 맨 뒷 칸에는 오직 생존이 목적인 사람들이, 앞 칸에는 나름의 문명 생활을 누리며 사는 사람들이 있다. 영화는 뒷 칸에 있던 사람들이 투쟁을 통해 앞 칸으로 전진하는 과정을 그린다. 독서 역시 이 영화의 전개 과정과 비슷하다고 생각한다. 생존만을 바란다면 뒷 칸에 머물러도 상관없다. 그러나 더 나은 미래를 향해 전진하고 싶다면 새로운 세계로 한발 한발 전진해야 한다. 그 새로운 세계로 진입하기 위한 무기가 바로 독서다.

그리고 혼자 방구석에서 책을 읽어도 이 자체가 사회적 행위라고 나는 생각한다. 지은이와 소통하는 일종의 커뮤니케이션 말이다. 한 권의 책을 소유하고 읽는다는 것은 저자의 지식 세계를 공유할 뿐 아니라, 그 책을 읽었던 사람들의 독서 역사를 함께 공유하는 것이라 생각한다. 그 책을 쓰도록 하고, 그 책을 아꼈던, 그 책을 후대에 남기려 했던 사람 모두의 세계관과 가치관까지 나눈다고 말이다. 그것이 기존에 내가 가진 생각에서 나아가는 출구가 된다. 새로운 출구는 기존의 자신으로부터 깨어지게 만들어주고 종국에 나 자신을 혁명하게 만들어준다.

최선을 다하는 것이 지름길이다

혁명이란 거창한 단어 때문에 부담스러울 수도 있다. 하지만 그 혁명은 어렵고 고통스러운 일이 아니다. 나는 야구를 정말 좋아하는데, 하루라도 프로야구 중계를 보지 않고 참는 건 나한테는 대단한일이었다. 그것부터가 내게는 혁명이었다. 그렇게 마련한 시간에책을 읽으며 내가 몰랐던 또 다른 세상을 만났고, 그 세상을 바라보고 성찰하며, 나 자신을 변화시킬 수 있었다. 책은 한 사람의 인생이 담겼거나 혹은 그 사람이 일생을 바쳐 깨달은 노하우를 집대성한 것이다. 그런데 짧게는 두세 시간, 길게는 반나절만 투자해 그것을 내 것으로 만들 수 있었다. 나와 완전히 다른 사람의 세상을하루에 한 번 엿보고 배울 수 있는 것만큼 멋진 일은 이 세상에 별로 없을 것이다.

'회사를 다니느라 책 읽을 시간이 안 난다'고 변명하는 사람들에게 나는 '같은 직장인으로서' 해주고 싶은 말이 있다. 독서란 책을손에 들고 있을 시간만 있다면 언제 어디서든 할 수 있는 가장 쉬운 자기계발의 '끝판왕'이다. 시간과 공간 제약이 덜하다는 점에서(마땅히 다른 준비물이 필요한 것도 아니다) 독서는 아름다운 삶의 개선을위한 솔루션이다.

혹시 이 책을 읽고 있는 당신이 '지금 변화가 필요하다', '이대로는 위기다'라고 생각한다면 지금이야말로 책이라는 평생 친구와 가까워질 수 있는 기회라고 말하고 싶다. 인생에 한 번, '찐한' 기회가 당신에게 온 거다. 그러니 삶을 책으로 채우겠다는 독한 각오로 한번 실천하길 바란다. 나른한 주말 오후, 방 한구석에 놓인 책을 우연히 읽겠다는 느슨한 마음이 아니라 내 방의 한 면을 온통 책으로 채운 후 나의 시간을 계속해서 책으로 채우겠다는 마음으로 말이다.

독서는 시작만 하면 1년 안에 승부가 난다. 인생을 선한 방향으로 바꾸려면 최소한의 시간을 집중적으로 투자하길 바란다. 내가 그랬다. 끔찍한 실패의 연속으로 삶에 대한 물음표가 감당할 수 없이 커졌을 때, 유일한 희망으로 여기고 시작한 독서가 딱 1년 만에 결실을 거뒀다. '길고 긴 인생에서의 오직 1년'이다. 세상 그 누구보다도 소중한 나 자신을 위해 이 정도도 하지 못하면 미래를 위해 무얼 할 수 있을까.

그래서 매일 책을 읽기로 했다

일생의 한 번은 찐한 시간이 있어야 한다

사람은 벼랑 끝에 몰리면 지푸라기라도 잡게 된다. 나는 책이 인생을 바꾼다는 말을 철썩 같이 믿고, 도전해보기로 했다. 하지만 어디서부터 어떻게 무엇을 시작해야 할지 난감했다. 이미 수백 권의 책을 읽어온 내가 아무 변화도 이루지 못했다면 지금까지 내가 책을 읽어온 방식이 틀렸다는 증거인데, 어디가 어떻게 틀렸던 걸까?

그 힌트를 얻게 된 건 아주 우연히 번역서를 출간한 아는 형님을 만나면서였다. 그 형님은 20여 년 이상 평범한 회사원으로 살아온 분인데 어느 날 갑자기 외서를 번역해서 출간했다고 했다. 그 책은 나름 깊이 있는 경제학 교양서에, 페이지도 무려 300쪽에 달했다. 형님은 IT 분야 한 길만 걸어왔고 그동안 영어를 유창하게 하는 모습도 본 적이 없어서 그 소식은 내게 꽤나 충격이었다. 나는 영어 원서 한 페이지도 읽기 힘든데, 이 형님은 어떻게 갑자기 책을 내셨을까? 간만에 형님을 만난 술자리에서 물으니 그 비결(?)이 상당히 의외였다.

"중학교 2학년 때 미친 듯이 영어만 했어. 정말로 매일매일 영어 공부를 했지. 지금 영어 실력이 그때 그 실력이야."

현재 약국 체인 기업을 운영하는 친구가 있다. 약대를 나왔으니 공부를 꽤나 잘했을 것 같은데, 이 친구 성격이 왈가닥에 흥도 많고 산만한 구석도 있어서 진득하게 공부하는 것과는 거리가 멀다고 항상 생각했다. 평소처럼 농담을 주고받던 어느 날 내가 물었다. "너 같이 놀기 좋아하고 산만한 애가 어떻게 약대를 갔지? 공부를 하긴 한 거지?" 친구는 큭, 하고 웃더니 이렇게 말했다.

"중학교 1학년 때 한 공부로 대학까지 갔지."

그 친구 말에 따르면 열심히 공부했던 시기는 중학교 때말고는 없다고 했다. 옆에 앉은 친구가 공부 좀 한다고 틈만 나면 으스대기에 짜증이 나서 '쟤는 꼭 이겨야지'라고 생각하고 미친 듯이 공부를 했단다. 아무 요령도 없이 그저 수업 내용을 달달 외웠는데, 영어 선생님이 '3과'라고 하면 그 3과 내용을 하나도 빠짐없이 좔좔 외울 정도였다고 했다. 그렇게 1년이 지나니까 성적이 전교에서 손꼽을 수준이 되었다나. 그리고는 이렇게 덧붙였다.

"진짜 매일 세수하듯 밥 먹듯 공부했던 거 같아. '공부해야지'라고 생각하고 공부하는 게 아니라 완전 숨 쉬듯이 공부했거든. 그래서 지금도 우리 엄마가 종종 말하잖아. 중학교 때처럼 고3 때 공부했으면 서울대 갔을 거라고(웃음)."

한 번이라도 무엇이든 독하게 해본 사람은

내게 맞는 독서법을 강구하던 때라 그랬던 것일까, 평소 같으면 웃어넘겼을 말들이 귀에 쏙 박혔다. 책을 좋아하고 꾸준히 읽어오긴 했지만 일주일에 한 권 정도, 내 독서는 '취미의 독서'였다. 글을 쓰는 작가가 되거나 인생을 변화시킬 작정이라면 취미로는 부족하다는 생각이 들었다. 취미로 공부를 해서 수능 만점을 받는다? 자격증을 딴다? 전문가가 된다? 인생역전한다? 그렇게 생각하는 사람은 없지 않은가.

그래서 매일 책을 읽기 시작했다. 어떻게든 하루 한 쪽이라도 책을 읽는 것. 시간이 나면 휴대폰을 켜는 습관처럼, 집에 돌아오면 샤워하는 일상처럼 책을 읽는 것을 생활로 만드는 것을 목표로 했다. 그렇게 시작한 매일 독서는 지금의 나를 하루에 한 권 이상, 1년에 365권은 거뜬히 읽게 만들어주었다. 그렇게 10년, 나는 지금까지 3,000권이 넘는 책을 읽었다.

지금에서야 알게 된 사실이지만 일생에 한 번 무엇이든 독하게 해본 사람은 자신을 언제든지 변화시킬 힘을 갖게 된다. 자신의 성장을 위해 단 한 번이라도 찐한 시간을 보낸 사람은 우선 어느 때고 목표를 향해 꾸준히 달릴 수 있는 힘을 내면에 쌓게 된다. '꾸준함'이란 말 자체는 쉽다. 하지만 우리가 늘 세우는 새해 목표만 생각해봐도 이 일이 얼마나 어려운지 알 것이다. 의욕이 넘치게 영어를 배우겠다, 운동을 하겠다고 결심을 하지만 한 달도 못 가 그만두는 일이 허다하다. 하지만 어떤 계기로든 자신의 발전을 위해 독하게 한 번이라도 찐한 시간을 갖게 되면 그 후로는 어떻게 해야 자신이 목표를 달성할 수 있는지 그 노하우를 터득하게 된다.

설령 목표에 도달하지 못한다고 해도 얻는 것이 있다. 후회 없이 도전해본 경험이 생긴다. 정말 독하게 도전해본 경험은 다른 어떤 일에도 주저 없이 뛰어들 용기를 준다. 꿈을 꾼다는 건 자신이 극복해야 할 현실을 정확히 인식하고 그것과 싸워서 쟁취하려는 마음가짐이다. 이런 마음은 일생에 한 번은 제대로 된 도전을 하게 만든다. 도전은 경험을 만들고, 꿈을 이루게 하며, 그것을 통해 한 사람의 세계를 넓혀준다. 어떤 일이든 할 수 있는 자신감을 얻게 되는 건 당연히 따라오는 덤이다. '노력하면 된다'를 경험해본 사람은 다른 일에도 자신감이 생기고 무엇이든 용기 있게 시작할 수 있다.

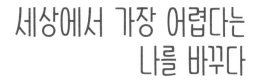

세상에서 가장 어렵다는
나를 바꾸다

여전히 나는 평범한 직장인이다. 20여 년째 한 회사에서 근무 중이다. 그러나 이전과 달라진 게 있다면 직장에 다니면서 비즈니스 커뮤니케이션 강사이자 저자로 활동한다는 것이다. 각 관공서와 대학교뿐 아니라 LG, 삼성 등에도 출강하며, 집필한 책은 이미 10권이 넘는다. 그러는 와중에 대학원도 다녔고 석사과정을 졸업했다. 올해는 내면적으로 좀 더 성숙해지는 방법을 알고자 명상과 요가 등을 테마로 신체와 마음을 단련하는 데도 힘쓰고 있다.

이 모든 일이 내가 꿈꾸던 일이었다. 맡은 일을 성공적으로 해내는 프로이자 가정에서도 떳떳하고 당당한 아빠가 되고 싶었다. 부양이나 노후, 미래에 대한 걱정도 하고 싶지 않았다. 누구나 커뮤니케이션 능력을 향상시키면 나같이 낯가림 심한 사람도 외향적인 사람의 일로 여겨지는 영업에서 큰 성과를 거둘 수 있음을 누군가와 나누고 싶기도 했다. 나는 그런 모든 바람을 책으로 이루었다. 나름 나의 약점이라고 생각했던 내성적인 성격을 극복하고 영업 업무에서 누구보다 놀라운 성과를 거둬 인정받았고, 독서라는 공통의 일상을 아이들과 함께하면서 가정에서도 성실하게 내 역할을 다하게 되었다. 사람들과 나누고 싶은 이야기를 책에서 찾고, 실제 현실에 적용해보고, 그 결과를 정리하면서 나는 나만의 콘텐츠를 갖게 되었다. 그리고 그것을 바탕으로 책을 집필하고 강연하면서 회사 일과는 다른 새로운 길을 개척하게 되었다. 그로 인해 내 수입은 월급을 넘어섰고 더 이상 나는 미래를 걱정하지 않게 되었다.

그 모든 바탕에 책이 있었다. 무엇보다 내 태도와 행동이 변한 것이 가장 큰 변화라고 말하고 싶다. 이제는 더 이상 상사의 눈치 보며 억지로 야근하는 일도, 술자리 시중을 드느라 집에 늦게 들어가는 일도 없다. 애꿎은 동기를 불러 신세 한탄도 하지 않는다. 누군가 승진하면 겉으로는 축하하고 집에 가서 배 아파하는 일도 하지 않는다. 술 마실 시간에, 골프 칠 시간에, 남 험담할 시간에, 나는 책을 읽는다. 그 시간만이 나를 좀 더 나답게 만들어주고 더 나은 나를 꿈꿀 수 있게 해주기 때문이다. 그래서 나는 이제 책을 손에서 놓지 않는다. 책은 복잡한 세상에서 나를 휩쓸리지 않게 만드는 창이요 방패다. 더 이상 나는 타인의 말과 세상의 고정관념에 휘둘리지 않는다.

그렇다. 책은 내가 삶을 바라보는 시각을 긍정적으로 변화시켰다. 어지럽던 내 마음을 다스릴 수 있도록 해주었다. 우리는 종종 인생의 목표를 잊곤 한다. 진짜 자신이 원하는 것과 다른 것들에 신경을 쓰느라 진짜 자신의 마음과 생각을 돌보지 못하고 지나칠 때가 많다. 머리로는 오른쪽으로 가야지 하지만 마음은 왼쪽으로 가고 싶어하는 괴리감은 때때로 알 수 없는 불안을 만들곤 한다. 내가 원하는 대로 했다가 남들이 말하는 대로 실패하면 어쩌지 하는 불안. 그러니 대학에 간다면 일단 좋은 대학에 가야지, 취업을 한다면 역시 대기업에 들어가야지, 회사에 들어갔으면 승진해야지, 서울에 아파트 하나는 가져야지, 명품 시계, 명품 백 하나는 있어야지… 등 남들이 말하는 가치에 자주 휘둘린다. 우리가 입버릇처럼 말하는 각오들이 사실은 자신이 원하는 것이 아니라 타인과 세상의 시선에서 비롯된 것임을 깨닫는다면, 내 인생의 가치와 무관한 것들에 과하게 신경 쓰는 일을 줄일 수 있다. 그제야 비로소 내가 진짜 해야 할 일들, 집중해야 할 것들을 제대로 바라볼 수 있다.

셀프사회에서 나를 지키는 최고의 무기

한병철 독일 카를스루에 조형예술대 교수의《피로사회》
는 출간 첫해 판매량 4만 부를 넘어섰고, 지금까지 8만
여 부가 팔려나갔다. 2013년엔《팔꿈치사회》,《허기사
회》,《과로사회》,《잉여사회》,《절벽사회》,《격차사회》,
《부품사회》등이 쏟아져 나왔고, 올해엔《단속사회》,
《투명사회》,《분노사회》,《감성사회》가 출간됐다. (중략)
《기획회의》장동석 편집주간은 "'○○사회'라는 말은 한
국 사회의 피로감을 나타내는 대표적인 키워드"라며
"각 영역에서 축적된 체제의 모순이 다 드러나는 상황
에서 이 문제를 '어떤 사회'라고 보려는 경향이 생겨난
것 같다"고 말했다.

(출처 : 〈한겨레신문〉 2014년 8월 3일자)

당신에게 지금의 대한민국은 어떤 사회인가. 당신은 '○○사회'
의 ○○에 무슨 단어를 넣고 싶은가. 혹시 다음과 같은 것들인가.
'피곤사회', '짜증사회', '한탕사회', '조심사회' 등 부정적인 단어들
을 넣고 싶은 마음이 드는가. 그 마음을 왠지 이해할 것 같다. 세상

살이가 점점 팍팍해진다는 건 누구나 다 인정하는 사실이니까 말이다. 내게 누군가 지금이 무슨 사회냐고 물어본다면 이렇게 말하고 싶다. '셀프사회.'

지금은 '혼자서도 잘해요'라고 말해야 하는 사회다. 지금은 신자유주의(Neoliberalism) 시대, 신자유주의는 국가의 시장개입을 비판하고 시장의 기능과 민간의 자유로운 활동을 중시하는 이론이다. 국가가 국민에게 '이제 네가 알아서 잘 살아보렴!'이라고 말하는 시대다.

그래서 이제는 누군가의 도움을 기대하기가 점점 더 어려워지고 있다. 누군가의 도움을 받고 싶어도 도움을 줄 사람은 점점 줄어들고 있다. 도움을 받을 수 있는 능력은 철저하게 개인의 노력으로 좌우된다. '셀프사회'는 그래서 서글프다. 이제는 공공의 온정주의적 보살핌을 기대하기 어려워졌다. 여러 사회복지 정책이 만들어지고 있지만 정책이 보호해주는 것 이상으로 더 많은 사람들이 소외의 그늘에 있게 된 상황을 부인할 수 없다.

어차피 우리가 사는 세상이 셀프사회라면 우리는 스스로 즐기고, 행복해져서 결국 오랫동안 건강하게 생존할 수단을 '스스로' 찾아야 한다. 소규모 공동체의 구축, 새로운 사회 생태계의 모색 등 거창하게 느껴지는 것들은 제외하자. 가장 중요한 건 세상으로부터 자신을 지켜낼 수 있는 무기를 찾는 것이다. 그 방법 중 가장 쉽고 또 편한 방법을 하나 소개하겠다. 예상했다시피 그것은 바로 책 읽기다.

생존이란 살아남아 버티는 것이다. '삶은 살아내는 것'이라는 말이 있다. 나는 한 번뿐인 인생을 잘 살아내기 위해서 나를 도와줄 누군가가 필요했다. 내가 선택한 그 누군가는 친구나 부모님, 혹은 직장 상사가 아니었다. 바로 내가 읽은 책들이었다. 책은 내 마음을 위한 병원이었고, 나의 성장을 위해 내가 설계한 학교였다. 이제 나는 힘들 때, 외로울 때, 괴로울 때, 슬플 때, 고통스러울 때 책을 읽는다. 무언가 부족하다고 느껴질 때마다 책을 펼친다. "공부의 적은 자기만족이다. 진지한 공부는 반드시 불만족에서 시작되어야 한다."는 마오쩌둥의 말을 생각하며 어떤 순간에도 좌절하지 않는다. 생각해보면 책을 통해 스스로 자신을 돕는 것만큼 간단하고 쉬운 인생 솔루션이 없다. 셀프사회에서는 책 읽기야말로 영적 성장을 위한 최고의 도구이다.

당신의 독서는
소비인가 투자인가

나를 잘 따르는 후배 하나가 있다. 능력도 있고, 학력도 출중하고, 재력까지 겸비한, 심지어 자타공인 미인이다. 사교성도 좋고 배려심도 넘쳐 회사 내에서 두루두루 아는 사람도 많고 인기가 많다.

일도 잘하고 인간관계도 척척, 뭐 하나 부족한 게 없는 이 후배는 나를 볼 때마다 어떻게 그리 많이 책을 읽느냐고 묻는다. '자랑삼아' 내가 페이스북에 올리는 독서 후기(이에 관해서는 이후의 장에서 자세히 이야기하겠다)를 보고 혹했던 모양이다. 그 방법을 제대로 알려주려면 짧은 시간으로는 안 될 것 같고, 그렇다고 오랫동안 이야기하는 것도 괜시리 으스대는 것 같아 매번 웃어넘기기 일쑤였다.

그런데 이런 상황이 자주 반복되었다. 왠지 후배가 책 읽기에 대해 진지하게 생각하는 것 같아 다시 질문을 받게 된 어느 날, 제대로 대화를 나눠보기로 했다.

"선배, 어떻게 하면 책을 많이 읽을 수 있어요?"

"또 물어보네. 진지하게 생각하고 물어보는 거야?"

"그럼요. 올해 100권 정도 읽어보려고 해요."

"…."

솔직히 이 대목에서 말문이 막혔다. 그래도 어쨌든 변화하고 싶다, 뭔가 해보겠다는 생각 자체가 기특해서 다시 물었다.

"왜 1년에 100권을 읽으려는 건데?"

"음, 책을 읽으면 좋잖아요. 많이 읽으면 더 좋은 거고."

"그래그래, 알겠어. 책 많이 읽어서 뭐하려고?"

"음, 그냥 좋은 거 같아요. 시간 때우기도 좋고, 뭔가 교양을 쌓는 느낌도 좋고."

"…."

이쯤에서 후배에게 한마디하고 싶었지만, 이왕 대화를 하기로 한 거 제대로 하자는 생각에 다시 물었다.

"그래서 어떤 책을 읽을 생각이야? 어떤 책을 읽고 싶어?"

"선배, 그래서 지금 물어보잖아요. 어떤 책을 읽으면 좋을까요?"

"…."

결론부터 말하자면 목표 없이 1년에 책 100권을 읽겠다는, 책을 '흡입'하겠다는 생각은 버려야 한다. '딴짓하는 것보다 책 읽는 게 나은 거 아니냐?'고 말할 수도 있겠지만 목표가 없으면 그 또한 '짓'이다. 독서량이 느는 만큼 허세만 풍성해지기 쉽다. 책을 읽고 아는 척, 잘난 척만 하고 싶다면 목표 없는 불량 독서도 상관없지만 그게 아니라면 자신의 목적에 맞는 책 읽기를 권한다.

사실 엄밀히 말하자면 오래도록 책을 읽어왔지만 내게 아무런 변화가 없던 이유도 바로 여기에 있었다. 나는 아무 생각 없이 '책'만 읽어왔다. 책을 읽는 명확한 목적이 없었다. '새로운 눈으로 옛 책을 보면 옛 책이 모두 새로운 책으로 보인다. 낡은 눈으로 새 책을 보면 새 책은 모두 낡은 책으로 보인다'는 말처럼 책을 대하는 나의 눈, 즉 독서의 목표가 제대로 정해지지 않은 상황에서 읽은 책들은 내게 어떤 영향도 주지 못했다. 다이어트를 목적으로 하는 사람은 음식을 아무렇게나 먹지 않는다. 칼로리와 영양소를 계산하며 먹어야 체중 감량이라는 목표를 달성할 수 있다. 내가 만약 뚜렷한 목적을 가지고 있었다면 지금까지 아무 책이나 막 읽지 않았을 것이다.

독서의 목적은 크게 두 가지로 생각할 수 있다. 하나는 취미로서 시간을 재미있게 보내기 위한 독서이고 하나는 자기계발을 위해 지식을 얻으려는 독서다. 나는 전자를 '소비의 독서', 후자를 '투자의 독서'라고 생각한다. 소비라고 표현했지만 그것이 투자의 독서보다 중요하지 않거나 불필요하다는 것은 아니다. 내면과 감정을 환기시킨다는 측면에서 취미로서의 독서도 긍정적이다. 하지만 나처럼 직장인으로, 현실에 직접 도움이 되는 방법으로 독서를 선택했다면 투자의 독서를 먼저 하고 소비의 독서를 그 후에 하기를 권한다. 다가올 미래는 우리에게 주어진 시간을 무엇으로 채우느냐에 따라 결과가 상이해진다. 시간을 소비로 채운다면 다가올 미래는 잔고 없는 통장과 같은 인생이 될 것이다. 그러나 시간을 투자로 채운다면 미래의 시간들은 따박따박 임대료가 들어오는 건물주의 통장과 같아진다. 아무렇게나 읽는 책들, 무작정 권수만 늘어나는 독서는 투자가 아니라 소비다.

그래서일까. 나는 누군가에게 책을 함부로 추천하지 않는다. 누군가는 스스로 책을 고르는 기준이 없어서, 너무 답답해서 책을 추천해달라고 하는 경우도 있지만 말이다. 하지만 내가 책을 추천하지 않는 이유는 간단하다. 상대방이 독서 목표에 대한 고민이 없는데 내 기준대로 함부로 책을 추천하는 건 의미 없는 일이라고 생각하기 때문이다. 독서란 극히 개인적인 행위다. "어리석은 사람은 이름난 작가의 것이라면 무엇이든지 찬미한다. 나는 오직 나를 위해서만 읽는다."는 볼테르의 말처럼 책은 무조건 찬미의 대상이 아니라 나 자신에게 이로울 때만 찬양의 대상이 된다. 이제 막 예각과 둔각을 배우는 초등학생에게 미적분의 책을 추천하면서 '앞으로 이 책을 읽어야 될 텐데 미리 읽어봐!'라고 한다면 그건 상대방에 대한 무례함이고 폭력이다. 책을 추천하는 일은 그래서 항상 조심스럽다. 내가 훌륭한, 나름대로의 독서가라고 할지라도 그건 내가 그동안 쌓아온 시간의 결과일 뿐이다.

이제 다시 처음으로 돌아가자. 1년에 100권의 책을 읽겠다는 후배에게 나는 이렇게 답했다. "'책만 읽는 바보'는 바보일 뿐이야. 나는 네가 '책도 읽는 수재'가 되었으면 좋겠어." 그렇게 설명을 이어 갔다. 책은 전략적으로, 의도적으로, 면밀하게 선택해서 읽어야 한다고. 정교하게 설계된 목표 없이 무작정 100권의 책을 읽겠다는 생각은 아까운 시간을 낭비하는 무지한 짓이 될지도 모른다고.

'읽은 것'이
'아는 것'은 아니다

고백하자면 나 역시 수십 년 동안 책을 읽어왔지만 그 어느 시점까지는 그것이 인생의 긍정적 변화를 전혀 이끌어내지 못했었다. 왜 그랬을까. "독서는 다만 지식의 재료를 줄 뿐이다. 자기 것으로 만드는 것은 사색의 힘이다."는 로크의 말이 그 힌트를 준다. 수없이 많은 책을 읽었지만 그 어떤 바람직한 변화도, 좋은 영향도 이루지 못했던 건 내 독서 전략이 실패했다는 증거였다.

'그냥' 읽었던 책들

고등학교 시절 나는 도서반 클럽 활동을 했다. 그때 읽은 책들은 대개 '고전'이라 불리는 소설들이었다.

> 김동리 《무녀도》
> 김동인 《배따라기》
> 헤르만 헤세 《데미안》

띄엄띄엄 그때 읽은 책 제목이 기억난다. 이외에도 수많은 책을 읽었지만 그럴듯한 감동을 받은 책이 없었다. 선배님들 앞에서 토론을 하기 위해 고전을 억지로 읽었을 뿐 책의 내용은 대부분 재미가 없었다. 그럼에도 졸업 때까지 끝까지 버틴(?) 건 다른 꿍꿍이 때문이었다.

도서반 활동 중에 '대외 독서 토론회'라는 게 있었다. 예를 들면 이문열 작가의 《사람의 아들》이라는 책을 읽고 다른 학교의 학생들과 토론을 하는 행사가 있었다. 이때 다른 학교란 바로 여학교였다. 독서 토론을 하러 가는 건지, 소개팅을 하러 가는 건지 그 진실은 대외 독서 토론회 날 쿵쾅거렸던 나의 가슴만이 알 것이다.

대학교 때는 '문예사랑'이라는 동아리에서 활동했다. 처음 동아리를 찾아간 날 동아리방 앞에서 시크하게 담배를 물고 있던 여자 선배의 카리스마에 반해서(!) 바로 가입했다. 그때는 소설보다 루카치, 마르크스, 엥겔스 등의 사회과학 책을 많이 읽었다. 읽고 나서 밤을 새워 토론을 하던 — 물론 토론을 빙자한 술자리였지만 — 기억들이 아직도 생생하다. 프롤레타리아니 리얼리즘이니 그럴듯한 말을 하는 내가 멋지게 느껴진 걸 보면 겉멋만 잔뜩 들어간 독서 생활이 아니었나 싶다.

군대에 가서는 시간을 때우려고 책을 읽었다. 나는 방위 — 정확한 용어로 단기사병 — 였다. 퇴근하면 시간이 남았고 시간이 남아 소설을 읽었다. 고원정 작가의 《빙벽》(전 10권) 등 장편소설을 재미있게 읽었던 기억이 난다. 그때 좋아하는 작가도 생겼다. 바로 지금도 창작 활동을 하는 복거일 작가다. 너무 좋아해서 반복해서 읽고 필사를 하기도 했다. 특히 《비명을 찾아서》라는 소설은 읽자마자 반한 책이다. 막연하게 소설가가 되고 싶다고 생각했던 내게 '소설은 아무나 쓰는 게 아니구나!'라는 깨달음을 주었던, 정확히는 허황된 꿈을 단번에 날려준 고마운 책이다. 어쨌거나 그때의 독서를 생각해보면 주로 지루하게 흘러가는 시간을 채우기 위한 독서였던 것 같다.

책을 수백 권 읽어왔지만

고시에 실패한 후 회사에 취직을 했다. 이때부터는 이전과 조금 다른 생각으로 책을 읽기 시작했다. 어쨌든 책은 내게 익숙한 매체였기에 계속 책을 읽다 보면 어디에든 도움이 될 거라고 생각했다. 이 시기에 자기계발서와 경제경영서, 재테크서 등을 읽기 시작했는데 그 책들이 사회생활과 일에 도움이 될 거라고 생각했다. 그때 나는 책에 빠져 지냈다. 책을 맹신할 지경에 이르렀다. '책은 누군가에게는 울타리가 되고 다른 누군가에게는 사다리가 된다'는 말을 믿었고 그래서 읽고 또 읽었다. 열심히 읽으면 사랑을 잘하게 될 줄 알았다. 책을 많이 읽으면 회사에서 승진도 빠를 줄 알았고 책을 제대로 읽으면 부자가 될 줄 알았다.

사랑도 책으로 배울 수 있다고 믿었다. 사랑에 관한 책을 산 이유였다. 영어도 책만 읽으면 될 줄 알았다. 토익 책을 산 까닭이었다. 승진을 위한 책도 몇 권 샀다. 책에 나온 대로만 하면 곧 임원이 될 것 같았다. 부동산 투자와 주식 투자에 관한 책을 샀다. 금방 부자가 될 것만 같았다.

이때부터 잡다한 독서생활이 본격적으로 시작됐다. 소설, 시, 수필, 운동, 건강, 재테크 등 장르 구분 없이 집에는 책만 계속 쌓여갔다. 입사 후 결혼하기 전까지 내 방은 책들에서 나온 먼지로 가득했다. 방문을 열면 바닥에 높게 쌓아올린 책들 때문에 불편할 정도였다. 언젠가 TV를 봤더니 동네 고물들을 집에 쌓아놓고 사는 사람이 있었다. 지금 생각해보면 나 역시 그 사람과 다를 바가 없었다. 고물이 아니라 책을 쌓아놨다는 것만 다를 뿐이었다.

시간이 갈수록 내 방에는 많은 책이 쌓였다. 방은 처음 모습을 기억할 수 없을 정도로 변해갔지만 나의 현실에는 아무런 변화도 일어나지 않았다. 그러다가 결정적으로 시간과 비용을 독서에 투자해온 지난 시간을 후회하게 만든 사건이 있었다. 오랜만에 나간 대학 동창회였다. 같은 과에서 나름 친하게 지냈던 친구를 만나게 됐다. 늘 야상만 입고 다니던 놈이 증권회사에 들어가 양복을 빼입고 나온 게 신기했다. 알고 보니 결혼도 하고 분당에 자기 명의의 집도 한 채 마련했단다. 게다가 내게 준 명함엔 잘 나간다는 것이 느껴지는 직함까지 박혀 있었다. 그런데 친구가 내게 이런 말을 했다.

"요즘도 책 많이 읽지? 너 책 많이 읽는 걸로 유명했잖아. 읽을 만한 책 한 권 알려줘라. 나도 이제 책 좀 읽고 살아야겠다."

"응, 그래." 하며 당시 읽고 있었던 경영학을 쉽게 풀어 쓴 책을 소개했다. 그런데 그 책을 친구에게 소개하면서 뭔가 기분이 이상했다. 이 친구는 대학 때 말 그대로 책과는 담을 쌓은 놈이었다. 학교에서 쓰는 교재를 사기 아깝다고 버티는 놈이었으니 회사원이 된 후 책과는 더 담을 쌓았을 것이다.

그런데 그 친구는 여러모로 나보다 잘 나갔다. 나보다 책을 덜 읽었지만 이미 나보다 먼저 가정을 꾸렸고, 회사에서 출세했다. 책은 읽지 않지만 잘 살고 있었다. 나는 절망감을 느꼈다. 집으로 돌아오며 방에 가득 쌓여 있는 책들을 생각하자 이상하게도 화가 치밀어 올랐다.

'책이 좋다며? 왜 나는 책을 읽어도 늘 이 모양이지?'

수많은 독서의 끝에 후회가 몰려왔다. 독서는 나에게 그저 시간과 돈을 빼앗아가는 나쁜 놈일 뿐이었다. 세상이 어떤 곳인지, 내가 어떤 사람인지 파악도 못 하고 우물쭈물 책만 읽다가 요 모양, 요 꼴이 되었다는 생각이 들었다.

'책 읽을 시간에 데이트나 할 걸.'

'책 읽을 시간에 영어나 배울 걸.'

'책 살 돈으로 여행이나 다닐 걸.'

'책 살 돈으로 친구에게 밥이나 살 걸.'

'책 살 돈으로 과장님께 커피나 살 걸.'

계속해서 '~할 걸' 퍼레이드였다. 그랬다. 책은 내게 아무런 도움도 주지 않는 것 같았다. 그저 나는 아무 책이나 읽고 나름 노력하고 있다는 위안을 찾고 있었다.

책 구입에 들어간 돈도 너무나 아까웠다. 책 읽느라 보낸 시간들을 생각하면 억울하기만 했다. 생각해보라. 나처럼 열심히 책을 읽었다면 인생이 괜찮아져야 마땅하지 않은가. 세상 모든 사람들이 찬양하는 독서를 그리 많이 했는데 나의 인생은 왜 늘 '그 모양, 그 꼴'에 머물러 있는가. 독서는 영혼을 채우는 행위라고 했는데, 책 읽기란 지혜의 열쇠를 갖게 되는 것이라고 했는데 왜 나는 지금 이 모양인가.

생존 터전인 직장에서도 언제부터인가 나는 존재감 없는 사람이 되어버렸다. 책도 전혀 안 읽으면서 회사에 충성하는(척!) 사람들을 보면서 코웃음을 쳤던 게 바로 나였다. 그들은 1년에 책 한두 권도 읽지 않는 사람들이었다. 책을 좋아하는 내 기준에 그들은 허접한 사람들이었다. 그러나 허접한 그들이 회사에서는 제일 먼저 인정을 받았다. 그들이 오히려 나보다 승진에서 앞섰다. 나보다 그들이 먼저 보직을 얻었다. 여기까지 생각에 이르자 나름대로 하나의 결론이 도출됐다.

'책 읽을 시간에 소주에 삼겹살 먹으면서 사람 만나는 게 낫다!'

그렇게 해서 막연하게나마 독서에서 도움을 얻어보겠다는 생각을 접었다. 나름 독서와 이별을 고한 것이었다. 어떤 이유에서든 오랫동안 해온 일이었는데, 아쉽고 쓸쓸했다. 지금의 독서법을 터득하기 전까지 독서는 취미 그 이상 그 이하도 아니었다.

책을 무기로 만드는 방법은 따로 있다

읽은 것을 그대로 남겨 두기만 하면 곤란하다. 책의 주인은 사람이다. 마르크스는 "책은 노예와 같다. 나의 의지에 복종해야 하며 나를 위해 사용되어져야 한다."고 말했다. 그런데 나는 꽤 오랜 시간을 책의 노예로 살아왔다. 읽은 것을 내가 아는 것으로 그리고 활용할 수 있는 것으로 만들지 못한 죽은 독서를 해왔다. '독서는 나의 힘'이라고 말할 수 있으려면 자기만의 독서 트레이닝이 필요하다. 똑같은 고기여도 어떻게 먹느냐에 따라 뱃살만 늘리는 지방이될 수도 있고 근육을 키우는 단백질이 되기도 한다. 책 읽기 역시 어떻게 읽느냐에 따라 내 삶의 피와 살이 되기도 하고, 그냥 냄비받침이 되기도 한다. 무작정 읽는다고, 많이 읽는다고 인생이 바뀔 것이라고 생각하면 삶을 단순하게 생각한 것에 지나지 않는다.

그렇다면 그동안 나의 책 읽기는 무엇이 문제였을까? 나는 '많은 책'을 '오래 읽으면' 된다고 생각했다. 그래서 두 가지 문제가 있었다. 우선 책을 목적에 맞게 골라서 보지 않았다. 추천도서, 베스트셀러, 표지가 예쁜 책, 그냥 재미있어 보이는 책을 닥치는 대로 읽었다. 그리고 책 한 권을 긴 시간에 걸쳐 봤다. 책은 지식의 보고라고 하지 않던가. 그 지식을 꼼꼼하게 모두 다 봐야 한다는 생각에 처음부터 끝까지 오랜 시간에 걸쳐서 읽었다. 마지막으로 책을 간헐적으로 봤다. 이런 내 독서 습관이 골인 지점 없이 내달리는 사람과 같다는 걸 알지 못했다.

그런데 이 습관을 바꾸는 일이 쉽지 않았다. 이미 몸과 마음에 새겨져 있었다. 정확한 목적의식을 갖고 읽자고 아무리 다짐해도, 서점에서 재미있어 보이는 책을 사기 일쑤였다. 읽을 때도 마찬가지였다. 읽고 싶은 책을 읽지 못하는 답답함에, 처음부터 끝까지 꼼꼼하게 읽지 못한 찝찝함에 마음이 괴로웠다. 하지만 내가 간절히 원하는 건 보다 나은 미래였고 더 나은 삶이었기에 의도적으로, 세심하게 독서 습관을 바꿔 나갔다. 그렇게 습관을 바꾸자 조금씩 나와 생활이 개선되고 있음을 스스로 느낄 수 있었다. 내 주위의 환경도 몰라보게 나아졌다.

저자의 어깨에 올라
넓은 세상을 보자

다음은 구글 학술검색 사이트에 있는 아이작 뉴턴의 말이다.

거인의 어깨에 올라서서 더 넓은 세상을 바라보라.
(Stand on the shoulders of giants.)

나는 이 문구가 독서의 효용을 그대로 표현하는 말이라고 생각
한다. 단어 하나만 바꾸면 말이다.

저자의 어깨에 올라서서 더 넓은 세상을 바라보라.
(Stand on the shoulders of authors.)

억만금의 재산도 책 한 권만 못하다는 다소 과장 섞인 옛말이 있다. 우리는 상대의 마음을 얻지 못한 소설 속 주인공을 보며 자신의 실패했던 사랑을 떠올리면 공감하고, 그런 사람이 나 혼자가 아니라는 위로를 받는다. 관록 있는 교수의 에세이에서 자신이 미처 알지 못했던 삶의 지혜나 관점을 얻기도 하고, 철학과 심리학으로 인간과 삶을 해석하는 인문서에서는 그동안 제대로 몰랐던 자신을 처음으로 이해하고 스스로 치유하는 힘을 얻기도 한다. 경제경영서에서는 지금 당장 필요한 업무 스킬과 노하우를, 위기와 시련을 견디고 성공한 유명인의 자기계발서에서는 '다시 시작해보자'는 각오와 의지를 얻게 된다. 책을 읽는다는 건 그 누군가의 삶을 간접 체험한 뒤 쉽게 자기를 개선할 수 있는 방법이다.

그러나 '책은 훌륭하고 좋은 것이니까'라는 생각에 무조건 믿어서는 안 된다. 저자의 말에 맹신적으로 고개를 끄덕여선 안 된다. 그럴 필요도 없다.

책은 읽는 사람에게 유용할 때만 그 가치가 있다. 기대감으로 책을 펼친 후 자신에게 필요한 이익을 충분히 얻은 후 닫는 책이 양서(良書)다. 좋은 책의 판단 기준은 책을 읽는 자신에게 있다. 겁먹지 말고 주눅도 들지 말고 자신감 있게 책과 마주해야 한다. 영화 〈넘버3〉 송강호의 대사처럼 막무가내여도 괜찮다. "헤이, 유, 로버트 존슨? 그리고 뚜벅뚜벅 걸어가. 한쪽 팔을 팍, 잡아. 그리고 막

내리치는 거야!" 그렇다. 로버트 존슨을 대하는 것처럼 책도 다소 무식하게, 막 대해야 한다.

앞으로 여기서 하게 될 이야기는 책을 제대로 다루는 방법, 즉 책에 압도당하지 않고 삶의 개선을 위한 도구로 주도적으로 사용하는 방법에 관한 것이다. 갑작스러운 괴로움이 닥쳐 고통받을 때, 불현듯 다가온 당황스러운 일들에 허둥댈 때 책에서 위로를 받고 지혜를 얻어내는 독서의 기술을 살피려고 한다. 종이에 나열된 글자들만 읽는 게 아니라 글 뒤에 있는 사람을 찾아 그들과 대화하는 훈련을 하려고 한다.

책을 내 것으로 만들기 위해 책을 달달 외우거나 깊게 파고드는 공부를 해야 하냐고 물을 수도 있다. 아니다. 책과 나는 '갑을관계'가 아니다. 독서는 윗사람과 아랫사람의 관계가 되어서는 안 된다. 책과 나는 우정을 나누는 평등하고 친밀한 관계가 되어야 한다. 내가 필요할 때 좋은 친구에게 무엇이든 물어보듯 책과 친해져야 한다. 신중하게 친구를 선택하듯 여유 있게 책을 선택하되 그 책을 내 것으로 만들려면 지금 필요한 부분만 '엣지' 있게 보는 요령이 필요하다. 이것이 변화에 이르는 독서법의 핵심이다. 책의 내용 전부를 정복하겠다는 생각은 미래를 위한 변화로 향하는 우리의 발걸음을 더디게 만들 뿐이다.

입시학원 강사들을 보는 학생의 마음을 떠올려보라. 자신이 원하는 대학에 합격하는 것이 무엇보다 절실한 학생에게 어떤 강사가 필요할까? 진정한 지식을 전달하는, 하나부터 열까지 설명해주는 강사일까? 아니다. 시험에 자주 나오는 부분만 족집게처럼 짚어주는 소위 '일타' 강사들이 필요하다. 그래야 시간 대비 최고 효율의 공부로 합격 확률을 높일 수 있기 때문이다. 독서도 마찬가지다.

교보문고, 영풍문고, 반디앤루니스, 종로서적 등의 오프라인 서점에 들러보자. 읽고 싶은 책들은 하루가 다르게 새롭게 출간된다. 서점에 깔린 책만 해도 수만 권, 거기에 매일 수백 권의 책이 쏟아져 나온다. 지식의 세계 역시 빠르게 변한다. 이런 가운데 그때그때의 지식과 정보를 내 것으로 만들기 위해서는 자신이 필요한 부분만 추출하는 독서 기술이 중요하다.

책 하나가 완전히 '내 것'이 되기 위해서는 책 내용이 유기적으로 얽혀 나의 지식이 되어야 한다. 그렇게 되려면 여러 권의 책을 읽어야만 한다. 그런 측면에서 즉, 한 권의 책을 읽는 것으로 그치지 않고 다른 책으로 빠르게 넘어가면서 여러 권의 책을 읽는 것 또한 필요하다. 그러려면 다시 책의 핵심만 빠르게 추출하는 방법을 익혀야 한다. 이 책에서 저 책으로 '왔다갔다' 하는 것, 만약 그 '왔다갔다'가 나의 삶을 긍정적으로 변화시킬 수 있는 '타깃'(target)의 책들로 채워져 있다면 훌륭하다.

직장인에게 필요한 독서는

'양질전환의 법칙'이 있다. 양적인 팽창이 있어야 이를 바탕으로 질적 도약이 이루어진다는 법칙이다. '대수의 법칙'도 있다. 표본의 관측대상의 수가 많으면 통계적 추정의 정밀도가 향상된다는 법칙이다. 그 유명한 '1만 시간의 법칙'이 앞서 말한 두 법칙에서 파생된 것이라고 볼 수 있다. 1만 시간은 한 가지 일에 1만 시간 이상을 투자하면 전문가가 된다는 것인데, 안타깝게도 이런 맥락을 단순하게 해석해 책을 '많이 읽으면' 뭐든 된다는 오해가 생기게 된다.

많이 읽는 것, 중요하다. 하지만 읽은 것들이 모이고 모여 빛을 발하려면 내 삶에 적용되어야 한다. 무모하게 책 권수만 늘리는 방법은 직장에 다니며 돈을 벌고 가계를 꾸리는 생활인에게는 적합하지 않다. 나 역시 독서와 아무 관계도 없어 보이는 영업사원이다. 당신 역시 책과 전혀 관련이 없는 프랜차이즈 가맹점주일 수 있다. 그런 우리에게 최우선으로 중요한 것은 독서나 책이 아니고 '먹고 사니즘'이다. 물질이 지배하는 세상을 피하지 않고 당당하게 받아들이면서도 그곳에서 나름의 행복을 찾고 잘살고 싶은 사람들이다. 이 먹고사니즘의 세상 속에서 우리는 잘사는 방법을 고민하는 독서가 필요하다. 그래서 전략적으로 책을 읽는 방법을 고민해야 한다. 우리의 책 읽기는 '시간을 무작정 흘려보내도 되는 사람들'의 책 읽기와 달라야 한다.

최근에 어느 신문의 인터뷰를 보며 감탄한 사람이 한 분 있다. 서양란의 일종인 호접란을 홀로 개발했다는 나이 일흔의 박노은 씨이다. 중학교를 채 마치지 못한 그가 옥편과 영어사전을 찾으며, 대학교의 전문교재를 읽으면서 호접란을 개발했다고 한다. 그런데 나는 그 호접란의 개발 과정, 그 이전에 책 읽기에 대해 집요함을 갖고 달려들었던 그의 패기에 놀랐다. 그는 군대 제대 후 개인 운전기사로 취직했다고 한다. 시간이 많이 남아서 책을 읽었다는 말에 인터뷰어가 '운전기사로 일하면서 어떻게 책을 볼 수 있습니까'라고 묻자 그는 이렇게 대답했다.

"회사가 조선호텔 근처에 있어 시내에서 운전을 많이 했는데 기사들 많이 가는 곳에는 대기실이 있었습니다. 삼삼오오 모여서 담배 피우며 화투를 많이 쳤죠. 운전기사 월급이 좋은 편이었지만 그 모습을 보고 있자니 빨리 시골로 돌아가 농사를 지어야겠다고 생각했습니다. 틈날 때마다 근처 종로서적에 가서 원예육종학 같은 책을 봤습니다. 다시 농사지을 때 도움이 될 것 같았습니다."

(출처 : 〈조선일보〉 2017년 9월 23일자)

당신은 전략적으로 시간을 보내고 있는가. 이 분의 인터뷰를 보고 나는 반성하는 시간을 가졌다. 우리는 앞으로 효율적으로 책을 읽고, 그것을 바로 내 인생의 무기로 만드는 방법들을 고민해야 한다. 우리는 독서를 위해 많은 시간을 빼기 힘든 직장인, 고정된 자기 시간을 빼기 힘든 주부, 매시간 이상한 손님에게 시달리는 프랜차이즈 치킨집의 사장이다. 하지만 그렇다고 독서를 외면할 수는 없다. 오히려 더더욱 우리에게 남은 마지막 인생역전의 나침반인 독서에 맹렬히 달려들어야 한다.

더 나은 내일을 위해서

나는 책을 정말 좋아했다. 하지만 바로 그 책에서 무상함을 느껴 헤어졌었고, 우연히 극적인 기회에 다시 책을 읽기 시작했다. 그리고 지금에 이르렀다. 이제 다시 책과 헤어질 일은 없을 것 같다. 내 몸이 책을 배신하는 일은 있어도 — 예를 들어 극심한 노안으로 말이다 — 나는 독서를 평생의 친구로 삼고자 한다.

다시 독서를 시작한 후로는 틈날 때마다 책을 읽었다. 출퇴근길에, 잠들기 전에, 기상 직후에, 거래처 미팅이나 친구와의 약속 시간을 기다릴 때 등 10분이든 30분이든 내 시간을 독서에 할애했다. 그러자 삶의 시간과 공간이 달라졌다. 이전의 나는 10여 년의 직장 생활에도 안정을 찾지 못하고 전보다 심한 방황을 겪고 있었는데, 책을 읽으면서 심신의 안정을 되찾았다. 가정에서도 이유를 알 수 없는 불화로 답답하기만 했는데 그런 마음도 한결 누그러졌다. 이 역시 모두 책을 읽으면서 비롯된 일이었다.

책을 읽으며 내가 행복의 기준이라고 생각했던 것이 틀렸다는 것을 알았다. 한때는 경제적인 풍요, 회사에서 높은 자리에 오르는 것이 성공이고 행복이라고 생각했지만 여러 책들을 읽으며 행복의 기원을, 그리고 행복의 실행 방법을 조금씩 터득하고 있다. 책은 온전히 나에게 집중할 기회도 준다. 책을 펴면 그때부터는 오로지 나 혼자만 남게 된다. 세상의 잡다한 것들에 휘둘리던 나를 위로해주는 시간을 확보하는 셈이다. 나는 이제 나를 알아가고 있다. 인간으로서 어제보다 오늘, 오늘보다 내일 조금씩 나은 사람이 되는 것, 그것이 진정한 성공이라는 것도 깨닫게 되었다.

제2장

우리는
그동안 책을
잘못 읽어왔다

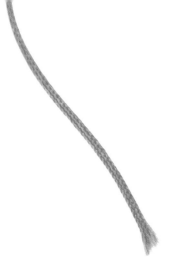

책은
그저 도구일 뿐

책은 목적이 될 수 없다. 독서 그 자체가 목표가 되면 안 된다. 책은 좀 더 나은 내가 되기 위한 도구일 뿐이다. 그리고 그 효용이 끝났으면? 그걸로 끝이다. 책은 나를 위해 봉사할 때만 좋은 책이라는 걸 기억해야 한다. 도스토옙스키의 《죄와 벌》이 아무리 위대한 책이라고 해도 내가 필요로 하는 무언가에 맞지 않으면 좋은 책이 아니다. 그런 책은 눈앞에 보이는 돌 한 덩어리, 나무 한 그루, 김밥 한 줄, 바퀴벌레 한 마리와 다를 게 없다.

이전의 나는 책에 대해 지나치게 많이 기대하거나 신성시했다. 책이 지식과 정보를 다루는 매체라는 생각 때문이었던 것 같다. 그

것은 일종의 환상이었다. 또한 책과 관련된 사람, 이를테면 작가를 굉장히 동경하기도 했다. 경외심이나 동경심이 독서를 지속하게 하는 동력이 되기도 하지만 내 경우엔 한 가지 심각한 문제를 초래했다. 바로 '결정 장애'에 시달리게 된 것이었다. '책은 지식의 보고, 어떤 책이든 배울 만한 점이 있다'라고 생각하니 책을 구매하는 일이 어려워졌다.

우선 책은 좋은 거니까 하나보다는 둘이 낫다는 생각으로 애초보다 많은 수의 책을 구입하고 독서 계획을 세우게 되었다. 읽어야 할 책은 서점에 갈 때마다, 온라인 서점에 접속할 때마다 많아지는데 어떤 책을 먼저 읽어야 할지 갈팡질팡하다가 읽지 못한 책을 그저 쌓아두는 일이 많았다.

그리고 읽기로 한 도서 목록을 살펴보면 도대체 무엇을 위해 독서를 하는지 알 수 없었다. 세상의 모든 책들이 읽어야 할 나의 목록에 있었다. 파편적으로 이 주제, 저 주제에 대해 읽다 보니 독서를 했다는 경험 그 자체만으로 만족해야 할 때도 많았다. 책에서 구체적인 도움을 구하려고 읽기 시작했는데 어쩐 일인지 남은 것은 아무것도 없었다. 목적이 없는 독서는 산책이지 배움이 아니라고 했던 옛말이 생각났다. 게다가 책을 산 것만으로 그 책에 담긴 지식이 내 것이 되었다는 착각을 했다.

책은 무조건 좋다는 생각을 버려야 한다. 책은 좋을 수 있지만 무작정 좋은 건 아니다. 큰 서재를 가졌으니 자신이 학식이 많다고 생각하거나 많이 읽었다고 스스로를 대단하다고 여기는 건 정신적 허영에 불과하다.

권장도서가 모두 좋은 게 아니다

무엇을 읽어야 하는지 잘 모르는 사람은 베스트셀러나 권장도서, 혹은 누군가가 서평에서 언급한 책을 고르기가 쉽다.

　대표적인 권장도서 목록으로 '서울대학교 학생을 위한 권장도서 100'이 있다. 대한민국 최고의 대학에서 추천한 책이니까 좋은 책이 많이 있을 거라는 생각에 독서가라면 한 번쯤은 기웃거려보는 도서 목록 중 하나다. 그 목록에 포함된《총, 균, 쇠》라는 책을 구입한 사람이 지금 이 책을 읽는 사람 중에도 아마 있을 것이다. 이 권장도서를 공개하는 사이트의 취지를 보면 다음과 같은 글이 있다.

　　"(중략) 고전이란 모름지기 인류의 지혜가 집약된 보고
　　라 할 수 있다. 현대사회에서 지식과 정보가 급속하게
　　팽창할수록 인간과 사물에 대해 종합적으로 판단하고

사고할 수 있는 능력은 그만큼 더 중요하다. 학생들이
고전에 대한 독서를 통해 그러한 판단력과 사고력을 함
양하는 한편 성숙한 지성인으로서의 기본소양을 기를
수 있기를 기대한다."

취지도 좋고 선정된 책 역시 그 취지에 잘 맞는다고 생각한다.
하지만 이 책들이 내게 그리고 당신에게도 잘 맞는지는 진지하게
다시 생각해볼 필요가 있다.

우선 이 책들은 현실과 다소 거리가 있는 주제의 책들이다. 읽은
후 바로, 직접적으로 실생활에 적용 가능한 책이 아니다. 또 쉽게
읽히지도 않으며 이해하기도 어려운 책이다. 이 목록의 책을 완독
한 사람이 대한민국에 몇 명이나 될까? 아마 1퍼센트도 안 될 것이
다. 잘 읽히지도 않는 책들을 계속 읽다 보면 독서에 대한 흥미를
떨어뜨리기 쉽다.

만약 당신이 독서를 통해 지적 함양을 목표로 하는 사람이고 시
간적 여유가 되는 사람이라면 몇 년을 두고 이 권장도서를 찬찬히
읽어도 상관없다. 그러나 독서를 통해 가시적인 성과를 원하는 사
람, 이를테면 업무 향상, 또 하나의 기술 습득, 앞으로 다가올 미래
준비, 제2의 일 등을 찾고 있는 직장인이라면 이 도서 목록은 제발
미루라고 권하고 싶다.

만약 서울대학교의 권장도서 취지에 공감해 독서를 결심하고 시작했으나 완독이나 해독의 문제로 망설이고 있는가. 그렇다면 우선 그 책의 요약본이나 청소년용으로 나온 책들을 먼저 읽어보자. 그렇게 하면 적어도 독서를 중단하지 않고 이어갈 수는 있다.

마음에 드는 책을 사라

아이를 둔 집에는 세계명작전집 하나쯤 있기 마련이다. 우리 집에도 있고 내 친구들 집에도 최소 한 질씩 모두 있다. 아이가 책을 많이 읽었으면 하는 부모의 마음은 충분히 이해가 간다. 세상의 모든 부모가 다 그렇지 않은가. 자신이 사고 싶은 것은 그렇게 아끼면서도 아이들의 일, 특히 교육을 위해서라면 쉽게 지갑을 여는 것이 부모의 마음이다. 하지만 일단 권수가 너무 많고 과연 아이에게 좋은 가치관을 전해주는 책인지 의문이 드는 책들도 꽤 많다. 그래서 나는 아이들을 위한 전집 구입을 강하게 반대하는 편이다.

솔직히 말하면 나는 이 문제로 아내와도 많이 다퉜다. '그 돈으로 차라리 당신 화장품이나 옷을 사라'고 했지만 소용없었다. 그렇게 구매한 책들을 아이들이 전부 읽었다면 이야기가 좀 다를 것이다. 그러나 아이들은 그중 절반도 읽지 않았다. 어떤 전집은 책장에 꽂힌 후 한 번도 아이들이 꺼내는 걸 보지 못했다. 다른 집도 아마 마찬가지일 것이다. 전집은 그냥 책장에 그대로 모셔지는 일이 태반이다.

이 역시 어떤 책을 읽어야 하는지 깊이 있게 생각해보지 않았기 때문에 벌어지는 일이라고 생각한다. 책의 가치는 책을 읽는 사람이 결정한다. 읽는 사람이 책의 선택 과정에 개입해야 함은 당연하다. 하지만 아이들을 위한 책들 중 상당수는 그 책을 읽어야 할 아이들의 시선은 고려하지 않은 채 오로지 부모의 욕심과 욕망으로만 선택된다. 부모들의 허영심이 아이들을 오히려 책과 멀어지게 만든다. 아이들은 아직 책을 선택할 가치관이나 기준이 서지 않았다고 반문하는 사람이 있을 수도 있다. 맞는 말이다. 그래서 더더욱 부모는 책을 고를 때 이 책이 아이에게 어떤 가치를 주는지 신중히 생각해야 한다. 아이에게 가장 필요한 것은 그것을 가장 가까이에서 항상 지켜보는 부모가 가장 잘 알기 때문이다. 그것을 5분만 생각한다면 전집을 책장에 고이 모셔두는 일은 생기지 않을 텐데 말이다.

책 읽는 걸 좋아하는 아이를 만들고 싶다면 어른의 욕망이 투영된 '○○○전집'을 사주는 일은 그만두자. 아니 적어도 출판사에서 악착같이 홍보하는 전집을 유형별로 쫙 책장에 꽂아놓고 '이제 우리 아들딸이 독서광이 되겠구나!'라며 흐뭇하게 바라보는 실수를 하지 말자. 그래야 '아빠가 이렇게 책을 많이 사줬는데 왜 안 읽는 거니?'라고 시작하는 다툼을 방지할 수 있다. 만일 부모와 다툼이 생기면 책은 아이들에게 오히려 '짜증나는 그 무엇'으로 각인될 것이다. 그럴 바에야 주말에 서점에 놀러가서 전집 살 돈의 십분의일, 혹은 백분의 일의 돈을 아이에게 직접 주고 '마음에 드는 책을 사라'고 하는 게 백만 번 낫다.

지금까지의 이야기는 '무엇을 읽지 말아야 할 것인가'에 대한 고민이 부족해서 생기는 것이다. 현명한 선택을 위해선 무슨 책을 사야 지금의 현실과 완전히 다르게 변할 수 있을까에 대한 조급한 고민보다는 내가 지금 어떤 위치에 있는지, 내 자녀가 어떤 상황에 있는지 확인하는 게 중요하다. 공자는 이렇게 말했다.

"아는 것을 안다고 하고, 모르는 것을 모른다고 하는 것이 진정으로 아는 것이다."

나는 이 문장을 이렇게 바꾸고 싶다.

"읽어야 할 책을 읽고, 읽지 말아야 할 책을 읽지 않는 것이 진정으로 잘 읽는 것이다."

필요한 것을 얻었다면
책을 덮자

책을 선택함에 있어서 가장 우선적으로 고려해야 할 부분은 책이 내게 어떤 의미를 줄 것인가에 대한 것이다. 돈과 시간을 써서 독서를 하는 건 내 인생에 대한 투자와 같다. 그러니 책을 읽는 그 순간마다 우리는 '이 책이 나에게 어떠한 의미를 주는가?'에 대해 늘 고민하고 또 관찰해야 한다. 하지만 그렇다고 늘 '의미'만을 추구하라는 건 아니다. 책에서 의미를 얻으려면 먼저 읽어야 한다. 그래서 '재미'라는 요소가 책 선택과 독서에 있어 중요하다.

읽혀야 좋은 책

독서 모임 중에서 '당신에게 최악의 책은 무엇인가요?'라는 주제로 이야기를 나눈 적이 있었다. 대답은 다들 제각각이었다. 논리가 없는 책, 자기를 알리는 데 급급한 책, 잘난 척하는 책, 어려운 책, 너무 쉬운 책, 지나치게 가벼운 책, 신변잡기를 다룬 책…. 나는 이렇게 말했다.

"재미없는 책이요!"

책이 재미없다고 느껴지면 나는 바로 그 책을 덮는다. 재미가 없는데 계속 읽어야 할 이유가 없기 때문이다. 고등학생 때《수학의 정석》,《성문종합영어》처럼 극히 재미없는 책을 늘 접해온 우리가 성인이 된 후에도 계속해서 재미없는 책을 봐야 할 필요가 있을까. 책은 그저 책일 뿐이라고 생각하면 재미 역시 책 선택에 있어 큰 기준이 된다. 책은 잘 이용하면 그만일 뿐, 어렵고 힘든 책을 재미없어도 끝까지 읽을 의무가 우리에겐 없다.

그렇다면 재미만 있는 책이 최고의 책일까? 재미없는 책이 최악의 책이라고 해서 재미있는 책이 최고의 책이 되는 건 아니다. 책이 재미있어야 하는 이유는 책을 잘 읽어내기 위한 필요조건이지만 최고의 책이 되기 위한 충분조건은 아니다. 최고의 책이 되기 위해서는 앞에서 말한 조건 하나, 즉 '의미'가 더 붙어야 한다.

우리는 무작정 책을 읽으면 안 된다. 비루한 매일을 근본적으로 변화시키기 위해 책을 읽어야 한다. 우리는 귀한 돈을 내고 책을 사고, 시간을 소비하며 책을 읽는다. 의미를 찾고 그 의미만큼이나 성장하는 나 자신을 발견하고픈 게 우리의 바람이다.

재미있는 책, 그저 웃고 즐기는 책을 선택하라는 게 아니다. 우리가 읽어야 할 책은 그 책에 빠져들어 나의 상황을 파악하고, 과거를 돌아보며, 결국 미래를 향하게 만드는 책이어야 한다. 단, 책의 모든 부분이 재미있을 거라는 '무리한' 요구를 책에 기대하면 곤란하다. 책 300페이지의 한 문장, 한 문장이 모두 의미 있고, 모두 재미있기를 바라는 건 욕심이다. 아무리 사랑하는 사람이라도 같이 살다 보면 아쉬운 점을 발견하게 되는데 책의 모든 부분이 내 마음에 들어야 한다고 생각한다면 그건 터무니없는 욕심일 뿐이다.

'독서는 극기 훈련이 아님'을 기억하자. 책은 억지로 참고 읽지 않아도 된다. 한 전문가의 조언을 들어보자.

독후감을 써야 한다는 중압감, 책을 통하여 무엇인가 찾아내야 한다는 부담감은 오히려 스트레스가 될 수 있고, 책을 멀리하게 하는 원인이 될 수 있다. 필독도서를 정해놓고 이것은 꼭 읽어야 한다는 것도 실천하지 않으면 소용이 없다. 어느 출판사 사장은 독자들이 '책과 함께 놀고 즐겨야 한다'고 말한다.

(출처 : 〈경기신문〉 2015년 6월 15일자. '책 읽기, 강요하지 말자')

이 글에 100퍼센트 동감이다. 우리 모두가 '독서는 행복이야!'라고 말할 수 있으면 좋겠다. 참거나 인내하면서 하는 독서는 독서 자체를 기피하게 만든다. 그러니 책을 선택할 때는 우선 의미를 고민하되 가능하면 재미있는 책을 고르도록 하자. 일단 읽혀야 의미를 찾을 수 있다. 책이 재미없다면? 억지로 읽지 말자. 책을 이리저리 굴리면서 재미있는 부분을 찾고 그때 느긋하게 읽을 준비를 하면 된다. 책이 나를 기다려야지 내가 책을 기다려서는 안 된다. 책을 읽느라 고통스러운 시간을 보내는 불쌍한 사람은 절대 되지 말자. 누군가는 의무적으로 책을 읽어야 한다고 말하기도 하지만, 독서에 의무가 개입되는 순간 행복한 책 읽기는 불가능해진다. 그러니 만약 책을 읽으면서 혹시 힘들게 참고 읽고 있다는 느낌이 든다면? 당장 그만둘 것!

물론 책에서 재미있는 부분을 찾는 노력 또한 필요하다. 만약 찾지 못한다면? 그렇다. 과감하게 그 책을 버리면 된다. 세상에 재밌는 게 얼마나 많은데 재미없는 책 따위를 읽으며 당신의 소중한 시간을 낭비할 것인가.

책은 순간적으로 읽는다

"도대체 언제 시간을 내서 책을 읽는 거야?"

주변 사람들이 내게 자주 하는 질문 중 하나다. 직장에 다니면서 대학원을 다니고 또 글도 쓰며 한 달에 수십 권의 책을 읽으니 주변인들은 신기하다는 듯이 내게 묻는다. 그런 질문을 받을 때마다 나는 이렇게 되묻는다.

"도대체 '시간을 낸다'는 게 무슨 말이야?"

독서를 위해 특별히 시간을 따로 내야 하는 건 아니다. 그냥 어느 한 순간, 시간의 흐름 속에서 책과 늘 함께하는 것이 독서다. '책을 읽기 위해 특별히 시간을 내야 한다'고 생각하는 순간 스스로에게 '독서할 시간이 없음'을 변명하는 셈이다.

규칙적으로 읽지 않아도 된다

'책은 규칙적으로 읽어야 하는 것'이라고 많은 사람들이 말한다. 하루에 30분, 아니 하루에 한두 시간을, 그것도 정해진 시간에 꼬박꼬박 읽어야 한다며 겁을 준다. 독서를 통해서 자신이 얼마나 즐거운지, 얼마나 성숙해지는지보다 정해진 시간에 읽어야 할 책의 양만 고민하는 모양새가 된다. '하루 한 시간씩 정해진 시간에 읽자. 겨우 한 시간이니까 되겠지'라고 생각하는 사람들도 있을 테다. 하지만 막상 해보면 쉽지 않다.

내가 운동과 담을 쌓은 사람이라고 해보자. 어느 날 건강을 위해 하루 10분씩 운동을 하기로 결심한다. 시간을 정했다. 저녁을 먹고 TV까지 본 후 주변이 잠잠해지는 시간인 밤 10시가 좋을 것 같다. 장소도 가까운 곳으로 선택했다. 집 앞의 초등학교에서 운동장을 세 바퀴만 걷기로 했다. 내일부터 시작이다. 과연 나는 운동을 편하게, 아무런 저항도 없이 내일부터 거뜬히 시작할 수 있었을까. '운동을 시작하려는 내일' 봄비가 부슬부슬 내린다면? 평소에 별다른 약속도 없었는데 '운동을 시작하려는 내일' 갑자기 친한 선배가 의논할 게 있다며 술자리를 권한다면? 보통은 보는 둥 마는 둥 하는 TV 프로그램이었는데 '운동을 시작하려는 내일' 10시부터 평소 궁금했던 사건에 대한 탐사 프로그램이 방영된다면?

어떤 일을 하기 위해 시간을 정하고 기다리는 건 좋은 일이다. 하지만 시작하기 전에 미리 시간을 정하고 그 일을 하기란 그리 만만하지 않다.

책은 '순간적'으로 읽어야 한다. '시간을 정해놓고' 읽으면 안 된다. 나는 학문을 연구하는 사람이 아니다. 책을 읽고 논하는 것이 직업인 전문서평가도 아니며 독서논술을 위해 교재를 만들어야 하는 학원 강사도 아니다. 책과 하루 종일 씨름해야 하는 출판사의 편집자도 아니며 독서토론 모임을 운영하는 사람도 아니다. 언제 어디서 무슨 일이 일어날지 모르는 회사를 다니는 직장인, 고객과의 접대를 위해 언제고 시간을 비워둘 준비를 하는 영업사원이다. 아들이 학교에서 누군가와 다툰 후 아빠에게 고민 상담을 하려고 기다리고 있으며, 지난달 학원비가 예상을 초과하여 이번 달 자금계획을 의논하고자 아내가 기다리고 있는 한 집안의 가장이기도 하다. 그런데 매일 정해진 시간에 책을 읽겠다고? 그건 자신의 일상에 대한 무모한 도전이다. 생활인으로 살아가는 나와 당신의 현실을 생각하면 독서할 시간을 따로 확보하겠다는 계획보다 어처구니없는 짓도 없다.

매일 일정한 시간에 책을 읽겠다는 사람만큼 무모한 계획을 말하는 또 다른 유형의 사람도 있다. '한 번에 30페이지씩 10일 동안 읽으면 책 한 권을 다 읽는다'고 말하는 경우다. 규칙적으로 읽는 것도 모자라 하루에 일정량을 읽는다? 그것도 기간을 정해서 하루도 빠짐없이? 그 정성은 갸륵하나, 참으로 현실성 없는 계획이다. 이런 사람들에게 꼭 물어보고 싶은 말이 있다. 그건 '그 책을 왜 다 읽어야 하는 건데?'라는 질문이다.

독서를 위해 매일 정해진 시간을 확보하는 것도 힘든데 10일간 연속으로 일정 분량을 읽는다는 건 더 어려운 일이다. 평소에 하지 않던, 1분도 안 걸리는 이불개기를 10일 연속으로 하는 것도 해보면 힘들다. 그런데 1분보다 60배의 시간이 걸리는 책 읽기를 10일 연속으로 한다는 건 단순하게 생각해봐도 불가능한 일임을 알 수 있다.

다음으로 왜 책 한 권을 처음부터 끝까지 읽어야 하느냐에 관해 이야기해보자. 책 한 권에서 얻어야 할 것은 많다. 하지만 그렇다고 해서 우리가 책 한 권 모두를 샅샅이 뒤져야 하는 건 아니다. 목회자가 성경을 공부한다면 당연히 신중한 정독을 해야 할 것이다. 하지만 우리가 읽어야 할 책들의 목록은 그것과 다르다. 각각의 책들에서 나의 당면 과제를 해결하기 위해 핵심을 찾아내는 책 읽기가 필요하다. 책은 세상을 내다보는 창문과 같다. 내게 필요한 하나의 주제에 대해 단 하나의 창문으로 보기보다는 가능한 여러 개의 창문으로 보는 것이 더 나음은 당연하다.

우리는 무모함과 싸워야 할 이유가 없다. 책 한 권을 처음부터 끝까지, 하나도 빠짐없이 읽겠다고 덤비는 건 60~70년대에 우리의 선배들이 영어사전을 통째로 외우겠다고 공부한 부분을 찢어서 먹었다는 흘러간 옛 이야기와 같은 무모함이다. 매일 정해진 시간에 책을 읽겠다고 계획을 세우는 건 초등학교 때 여름방학 시간표를 만들면서 '아침 식사 후 아침 공부 두시간'이라고 쓰는 행위와 같은 무모함이다.

있는 그대로의 독서를 즐기면 된다. 독서를 즐긴다는 건 내게 다가오는 그 순간에 책을 배치시키는 것이다. 'Seize the moment'라는 유명한 말이 있다. '순간을 붙잡아라!' 그러나 독서의 현재를 즐기려면 순간을 잡으려는 무모함보다는 순간이 우리를 붙잡을 때나 자신이 어떻게 즐길지에 대한 여유가 먼저 있어야 한다.

책 선물이
의미가 있을까

책은 그것을 읽는 사람에게 유용한가로 그 가치를 판단한다. 그렇다면 책은 좋은 선물이 되기 어렵다. 물론 주는 사람은 매우 선한 마음일 것이다. 정말 감동적으로 읽은 책, 마침 친구의 생일이어서 함께 감동을 나누고 싶은 마음에 책을 선물했을 것이다. 하지만 자신에게 도움이 됐다고 해서 다른 사람에게도 도움이 되리라는 보장은 없다. 그리고 같은 직업, 같은 성격의 사람이라고 해도 필요로 하는 것, 관심거리는 개인에 따라 미묘하게 다르기 때문에 내가 느낀 감동을 타인에게 100퍼센트 전달하기도 어렵다.

　게다가 독서라는 행위는 내가 읽을 책을 선별하는 것부터 시작한다. 읽은 것들을 온전히 내 인생의 무기로 만들기 위해서는 지금 내게 필요한 것을 깨닫고 그 도구를 선택하는 단계가 중요하다. 이 단계가 나를 보다 능동적으로 독서에 임하게 해주기 때문이다.

대학교 1학년 내 생일 때였다. 국문학과에 재학 중이며 문학 동아리에서 활동하는 친구 한 명이 내게 책 하나를 선물했다. 아마 '조선시대 민중들의 생활상을 생생하게 그린 역사소설'이라고 추천사를 들었던 것 같다. 그 친구는 말했다. "어떻게 이렇게 재미있게 쓸 수 있는 걸까? 아마 1권을 읽기 시작하면 나머지 책 아홉 권을 사지 않고는 못 배길 걸?"

결론부터 말하자면 나는 나머지 아홉 권을 사지 않았다. 1권 역시 절반도 채 읽지 못했다. 나는 흥미진진한 스토리에 재미를 느끼는 유형이기보다 내 관심사에 대해 새로운 사실을 알게 되는 데 재미를 느끼는 유형이었다. 그때는 한창 사회과학 책들에 탐닉해 있을 때였다. 그래서 조선시대도, 역사도 관심이 없어서 독서를 계속해나가기 힘들었다. 그리고 (개인적인 독서 습관에 따라 다르지만) 그 당시에 나는 긴 소설을 읽는 훈련이 되어 있지 않았다. 그 당시에도 박경리의 《토지》, 조정래의 《태백산맥》 등의 책들이 대학생 필독서로 권장되곤 했다. 하지만 다른 학생들이 '혼이 빨려 들어가듯이' 밤을 새워 읽었다고 하는 이 책들을 나는 매번 1권의 앞부분에서 읽다가 포기했다. 많은 주인공들이 치밀하게 연결되어 사건이 전개되는 스토리텔링을 단순한 나의 머리로는 따라가기 힘들었다. 지금 생각해보면 책을 선물한 친구와 나의 관심사도 달랐다. 그 친구는 소설가의 꿈을 가진 친구로 문학을 보는 식견이 나와는 판이하게 달랐다. 그래서 그 친구가 권해준 책을 나는 완전히 소화할 수 없었다.

사람에겐 때가 있다는 말이 맞는 것 같다. 요즘에는 소설 읽는 재미가 쏠쏠하니 말이다. 사회과학 책들은 이제 틈틈이 교양수준으로만 읽는다. 나에게 필요한 경제경영, 자기계발 분야의 책을 먼저 읽고 나서 시간이 날 때면 소설 읽는 재미에 푹 빠졌다. 정이현, 한강, 김애란, 성석제, 편혜영 등의 책은 나올 때마다 구입해서 책장이 넘어가는 걸 아까워하며 읽는다. 최근의 소설들만 읽는 것도 아니다. 이름만 들어보고 읽지 못했던 책들도 구입해서 읽는다. 이청준의《당신들의 천국》, 최인훈의《광장》, 강석경의《숲속의 방》, 조세희의《난장이가 쏘아올린 작은 공》, 신경숙의《외딴방》, 안정효의《하얀 전쟁》, 현기영의《순이삼촌》등이 그것이다.

세상 모든 사람이 하나같이 추천하는 책이라고 해도 그 책이 내게 맞지 않을 수도 있다. 책이 나를 위해 유용하게 쓰이려면 우선 그 책이 내가 읽을 수 있는 책이어야 한다. 그래서 스스로 책을 선택할 수 있는 힘을 기르는 것이 중요하다. 물론 내가 선택한 책임에도 잘 읽히지 않는 경우가 있다. 하지만 실패 과정 역시 자신의 독서력을 향상시키는 방법 중 하나가 될 수 있다.

개인적으로 책을 매개로 한 모임에 수없이 많이 참석한다. 매일 같이 책에 대해 이야기하고 생각을 나누긴 하지만 나는 누구에게 도 책을 선물하지 않는다. 비교적 독서 기간이 길고 독서량이 많은 사람일수록 책을 선택하는 기준은 섬세해지고 날카로워진다. 그래 서 나의 책에 대한 선호는 타인의 선호와 불일치하는 일이 잦다.

물론 '누군가 권해준 책을 읽고 독서에 눈을 떴다'라고 하는 사 람들도 여럿 봤다. 다양한 사람 수 만큼 다양한 독서 경험이 있을 테니 그런 일도 있을 수 있다. 그럼에도 불구하고 책은 선물로는 의미가 없고 스스로 선택하고 스스로 구매한 후 읽어야 의미가 있 다는 게 나의 결론이다.

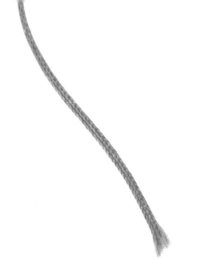

책 읽기
좋은 때란 없다

책 읽기 '좋은' 시간을 찾는 사람들이 있다. 할 일을 모두 끝내놓고 책을 읽겠다거나 날이 좋을 때 공원에서 기분 좋게 읽겠다거나. 이런 말도 있지 않은가. 가을은 독서의 계절. 하지만 책을 출간하면서 만난 출판 관계자의 말에 따르면 가을은 독서의 계절이 아니라고 했다. '가을에는 사람들이 단풍놀이다 뭐다 해서 놀러 다니느라 책을 더 안 사요.' 책 읽기 좋은 때를 찾는 마음을 이해 못하는 건 아니다. 조금 더 여유로운 마음으로 책을 보고, 좀 더 쾌적한 환경에서 책을 읽고 싶은 마음을 잘 안다. 하지만 이 역시 책 읽기를 미루는 핑계가 될 수 있다고 나는 생각한다. 이와 관련해 한양대학교

정민 교수 역시 의미 있는 글을 한 신문에 기고했다.

> 책 한 권을 다 읽을 만큼 한가한 때를 기다린 뒤에 책
> 을 편다면 평생 가도 책을 읽을 만한 날은 없다. 비록 아
> 주 바쁜 중에도 한 글자를 읽을 만한 틈이 생기면 한 글
> 자라도 읽는 것이 옳다. (중략) 너무 바빠 시간이 없어 책
> 을 못 읽는다는 것처럼 슬픈 말이 없다. 마음이 일을 만
> 든다. 쓸데없는 일은 끊임없이 궁리해내면서 나를 반듯
> 하게 세워줄 책은 멀리하니 마음 밭이 날로 황폐해진다.
> 오가는 지하철에서만 책을 읽어도 삶이 문득 바뀐다. 휴
> 대폰을 잠깐 내려놓아도 낙오하지 않는다.
>
> (출처: 〈조선일보〉 2015년 8월 12일자)

실제로 책 읽기 좋은 시간은 다른 일을 하기에도 좋은 시간이다.
게다가 책 읽기에 딱히 좋은 시간, 좋은 환경이 필요한 것도 아니
다. 스마트폰으로 게임을 하고 SNS를 하는 일을 떠올려보자. 시공
간을 따지던가, 화장실에서도 만원 지하철에서도 비가 오나 눈이
오나 꿋꿋하게 스마트폰을 켜고 보지 않는가.

그런 맥락에서 책 읽기에 좋은 때와 장소를 따지기보다는 순간
순간을 책에 할애하는 적극적인 마음을 가지면 좋겠다.

제3장

어떤 책을
읽어야 할까

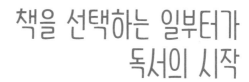

책을 선택하는 일부터가
독서의 시작

독서가 그냥 독서 그 자체에서 끝나지 않으려면 무작정 읽기만 하는 건 이제 그만두어야 한다. 나와 인생을 바꾸는 도구로 독서를 선택했다면 당신은 이제 전략적으로 읽어야 한다.

우선, 책을 선택하는 과정이 중요하다. 왜냐하면 삶을 극적으로 변화시키기 위한 핵심적인 재료, 일상의 튼튼한 무기가 될 원재료를 고르는 단계이기 때문이다. 원재료가 싱싱하지 않은데 신선한 샐러드를 만드는 것은 불가능하다.

그런데 몇 가지 문제가 있다. 우선 세상에는 책이 너무 많다. 만약 독서법에 관한 책을 읽고 싶다고 해보자. 한 온라인 서점에 접속해 '독서법'을 검색하면 209건의 책이 검색된다. 다른 주제의 책은 어떨까. '4차 산업혁명'을 검색하면 643건의 책이 나온다. 책을 가까이 하지 않았던 사람들은 여기서부터 패닉에 빠진다. 도대체 무슨 책을 읽어야 할지도 모르고 결국 제일 앞 페이지에 노출된 책 중에서 그럴듯한 책을 덜컥 구입한다.

현재를 외면한 독서는 거짓이다

독서를 통해 도움을 얻고자 하는 사람이 많다. 삶은 일련의 문제들로 이루어져 있고, 누구나 그 문제를 해결하길 바라기 때문이다. 우리가 겪는 크고 작은 문제들 중에는 시간이 지나면 저절로 해결되는 것도 있지만 그렇지 않은 것도 상당히 많다. 어렸을 때 종종 했던 '나는 언제 키가 크지?'라는 고민은 사춘기가 지나면 자연스럽게 해결된다. 일상의 불유쾌하고 사소한 일은 망각 작용으로 자연스럽게 무의식 너머로 사라지기도 한다. 하지만 우리의 일상은, 특히 성인이 되어 맞이하는 고민은 시간이 지나도 해결은커녕 방해물로 작용하는 경우가 많다.

회사에서 프레젠테이션에 미숙해서 어려움을 겪는 사람이 있다고 해보자. 아무 노력도 하지 않고 그대로 있으면 그 문제는 저절로 해결되지 않는다. 인간관계로 고민하는 사람이 있다고 해보자. 가만히 기다린다고 해서 그 인간관계가 저절로 해결되지 않는다. 프레젠테이션의 기술을 익히고 싶다면 발표에 관한 책을 보고, 파워포인트의 기능을 익히고, 유튜브에서 프레젠테이션을 잘하는 사람들의 강연이라도 찾아보는 노력을 해야 한다. 인간관계로 고민이 많다면 가볍게 풀어쓴 심리학 관련 책들을 찾아보고, 말투와 대화법에 관한 책을 읽는 부지런함이 필요하다. 연습을 하면 해결될 수 있는 문제를 그저 지켜만 보면서 '저절로 해결되겠거니' 하고 생각만 한다면 그건 그 문제를 지켜보는 바로 그 사람이 제일 문제일 뿐이다.

우리는 성장을 원한다. 성숙해지길 바란다. 성장 또는 성숙이란 크고 작은 문제들을 해결하는 가운데 얻게 되는 보상이다. 어떤 일도 단번에 이뤄지지 않는다. 회사만 봐도 그렇다. 프로젝트 하나를 완료하기까지 수십 번의 미팅과 회의, 수십 장의 보고서, 수백 번의 선택과 철회가 오간다. 결국 책을 읽고 나서 자신과 인생을 변화시키고자 한다면 지금 자신 앞에 놓인 문제 하나하나를 해결하는 것이 중요하다. 이런 문제를 해결하려는 관점으로 책을 선택해야 한다. 지금 내가 당면한 문제를 해결하기 위해 책을 고르는 것이 현명한 책 선택의 비결이다. 내가 책에서 도움을 얻을 수 있던 결정적인 이유도 책을 선택할 때 '지금, 여기'에 집중해 문제를 해결하려 했기 때문이라고 생각한다. 자신이 어떤 상황인지 알지 못한다면 성장과 성숙을 위한 책 읽기는 불가능하다.

나는 지금도 현실 자체를 직면하고 그 현실을 개선하려는 독서를 하려고 늘 경계를 한다. 업무적 지식이 부족해서 어려움을 겪는 직장인이 그 괴로움을 잊으려고 여행 에세이를 읽으면서 위안을 얻는다? 때론 그런 책도 필요하지만 만약 인생을 위한 혁명적인 변화를 원한다면 자신의 상황을 직시하고 해결하려는 마음으로 하는 책 읽기가 선행되어야 할 것이다. 현실을 회피하기보다는 현실 속에서 나름대로의 꿈을 이루기 위한 독서가 필요하다.

변화를 향한 열정이나 긍정적인 마음이 부족하다고 생각한다면 거기서부터 시작해도 된다. 사람은 종종 자신이 겪는 어려움이 너무 괴로워 그 문제를 제대로 못 보는 경우가 있다. 슬픔이나 분노, 우울이라는 감정에 휩쓸려 자신감이나 의지를 상실한다. 그러다 보면 자신의 상황인데도 회피하는 듯 행동하기도 한다. '이 또한 지나가리라'와 같은 마음 때문이다. 하지만 내 경험에 비춰보면 세상의 문제들은 절대 그냥 지나가지지 않았다. '지나가리라' 했던 문제들은 점점 커질 뿐이었고 개선되지 않았으며 결국엔 트라우마로 남는 경우도 있었다.

내 인생의 주인공은 나다. 뻔한 말인데 우리는 이 뻔한 말을 자주 잊고 산다. 내가 움직이지 않으면 세상은 나와 상관없이 마음대로 흘러간다. 내가 주인공이니 내가 움직여야 한다. 세상의 흐름 속에 일방적으로 휩쓸리기 싫다면 나를 알고, 나를 성장하게 만드는 책 읽기를 시작해야 한다. 그건 대단한 독서가 아니다. 철학 책을 읽으라는 것도 아니다. 두껍고 전문적인 책을 보라는 것도 아니다. 지금 내가 겪고 있는 아주 작은 문제를 해결하려는 독서에서 시작하면 된다.

현재의 나에 대한 예의

책은 그것을 읽는 나와 직접 연결된다. 책을 돈을 내고 구매하고, 읽고자 한다면 '내가 있는 자리에 대한 예의' 정도는 고민했으면 좋겠다. 내가 지금 어떤 상태인지, 내가 지금 무엇을 해야 하는지에 대한 잠깐의 고민으로도 자신의 책 선택 기준은 명확해진다. 어쩌면 내가 있는 이 자리에서 지금 당장 무엇이 필요한지 고민하고 그 책을 고르는 과정만으로도 나의 문제는 어느 정도 해결될지도 모른다. 설령 그 책을 읽지 않는다고 해도 말이다. 그렇게 책을 고르는 과정 자체가 내가 있는 자리에 대한 예의가 아닐까.

지금 그리고 여기를 고려하고 책을 선택하는 것은 현재의 나를 존중하는 행동이다. 지금의 나를 고려하지 않고 책을 읽는다면 나와 삶을 변화시키는, 실체가 있는, 성과를 낳는 독서가 되지 않을 것이다. 그러니 지금 당신이 직면한 현실에서 최소한의 목표라도 정하고 책을 읽기 바란다.

피와 살이 되는 책을
골라야 헛수고를
하지 않는다

'지금, 여기' 자신에게 필요한 책을 고르는 데 도움이 될 몇 가지 질문을 소개한다.

1) 자신이 처한 상황을 생각한다.
   - 특별히 어려움을 겪고 있는 문제가 없는가?
   - 그것이 책에서 도움을 얻어 개선할 수 있는 문제인가?
   - 어려움을 겪는 문제가 한 개 이상이라면 무엇이 가장 중요한가? (우선순위를 매길 것)

2) 자신에게 필요한 능력이나 정보가 무엇인지 생각한다.

- 최근 공부가 필요하다고 생각했던 주제나 분야가

  있는가?

- 그것을 습득하면 지금 자신의 커리어와 업무, 생활

  이 향상될 것이라 생각하는가?

- 공부가 필요하다고 생각한 주제나 분야가 한 개 이

  상이라면 무엇이 가장 중요한가? (우선순위를 매길 것)

3) 나열한 것들을 모두 모은 후, 우선순위로 정리, 그중

  1, 2, 3번째를 목표로 삼는다.

'내가 지금까지 읽어온 책들의 비중은 어떠한가?'를 확인하는 것
도 나름대로 의미가 있다. 한 온라인 서점의 도서 분류는 다음과
같다.

소설 | 문학   경제 경영

인문 | 역사   자기계발

예술 | 종교   만화 | 라이트노벨

사회 | 과학   여행 | 잡지

어린이   대학교재

유아 | 전집	국어와 외국어
청소년	IT 모바일
요리 | 육아	수험서 자격증
가정 살림	초등참고서
건강 취미	중고등참고서

총 20개의 분야다. 이를 근거로 자신이 그동안 구입하거나 읽었던 혹은 책장에 꽂혀 있는 책들을 나누어 보는 작업을 해보자. 책장에 책이 총 몇 권 있는지 확인한 후 그 책들의 분포가 어떤 비율인지 살펴보라. 예를 들어 내 경우 책장 중 2열을 살펴보니 총 200여 권의 책이 있었다. 이를 위의 온라인 서점 설계 기준에 따라 분류해보았다.

소설 | 문학 : 36권	인문 | 역사 : 56권
예술 | 종교 : 11권	사회 | 과학 : 7권
경제 경영 : 5권	자기계발 : 85권

아무래도 내 책장에는 자기계발과 관련된 책들이 많다. 직장에서 주된 업무 중 하나도 누군가(내부고객 및 외부고객)와 대화하는 일이고, 지금까지 개인적으로 출판한 10여 권의 책이 모두 비즈니스

커뮤니케이션에 관한 것이라서 대화법, 말하기, 커뮤니케이션 등의 제목이 달린 책은 대부분 구입하는 편이다. 그래서 이 분야의 책이 많다.

물론 나의 책장 중에서 가장 많이 활용하는 부분만 조사한 것이니 다른 책장은 다른 비율로 나타날 수도 있다. 최근엔 과학에 대한 관심이 많아져 뇌과학, 수학, 생물학 등에 관한 책을 많이 사고 한쪽에 분류하고 있다. 아울러 명상과 요가 등에도 호기심이 생겨 종교와 신체에 관련된 책들도 꽤 많이 사는 편이다. 그래도 여전히 전체적으로 자기계발과 관련된 책이 50퍼센트 이상 유지되고 있다.

이렇게 자신이 지금까지 읽어왔던 도서 목록을 일별해보는 것은 많은 의미가 있다. 자신이 앞으로 성장하고 싶은 분야와 관련된 책을 구매하고 읽고 있는지 비율로 바로 확인할 수 있다. 만약 의도했던 분야가 아닌 책을 많이 읽고 있다면 의식적으로 독서 비중을 조절해야 할 것이다. '취미의 독서'에서 '인생을 바꾸기 위한 독서'로 방향 전환을 시도하는 그 자체만으로도 성숙한 자신을 만날 수 있는 기회의 문을 여는 키가 될 수 있을 테니 말이다.

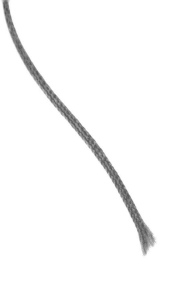

나를 불편하게 하는
책을 읽자

"새는 알에서 나오려고 투쟁한다. 알은 세계다. 태어나려는 자는 하나의 세계를 파괴하지(깨지) 않으면 안 된다."

소설 《데미안》에 나오는 명문장이다. 이 문장은 인간의 극적인 성장을 표현한다. 하늘을 나는 새가 되기 위해서는 반드시 자신을 감싸고 있는 알을 깨고 나와야 한다. 인간의 성장도 마찬가지다. 이전의 생각이나 관습, 방식 등에서 깨어날 때 비로소 성장이 가능하고 더 큰 세계로 나아갈 수 있다.

책은 자신을 둘러싼 세계를 깨고 더 넓은 세계로 나아가게 해주는 훌륭한 도구다. 다만 자신이 기존에 가지고 있던 생각 또는 방식을 옹호하는 메시지의 독서는 경계해야 한다. 처음 본 것, 알지 못했던 것, 낯선 것 등 다소 불편한 것들만이 우리의 세계를 넓혀준다. 이미 내가 하고 있는 생각과 행동을 '맞다, 잘한다'고 지지하는 책들은 기존의 세계를 더 견고하게 만들 뿐이다. 그렇게 되면 우리는 영원히 단단한 알을 깨고 나갈 수 없다.

알을 깨는 일은 어렵다

"자존심이 누가 옳은가 하는 것이라면, 겸손은 무엇이 옳은가 하는 것이다. (중략) 추락 이전에 자존심이 있다."

"현명하고 겸손한 사람들은 결코 자신이 틀렸다고 인정하길 두려워하지 않는다. 자신의 실수를 인정하는 것은 그들이 어제보다 오늘 더 현명해졌다고 말하는 것과 같다."

작가 존 맥스웰의 책 《어떻게 배울 것인가》에 나오는 말이다. '겸손이 아닌 자존심은 추락을 준비한다'와 '실수를 인정하는 것이 현명한 사람의 덕목'이라는 말은 우리가 깨고 나가야 할 것이 무엇인지 잘 설명해준다. 이 말은 책 읽기를 시작한 나와 당신에게 몇 가지 중요한 교훈을 준다.

첫째, 책 읽기의 주제는 나 자신에 대한 반성이 우선이다. 자기 자신을 성찰하지 못하는 사람은 아는 척하고 자존심만 내세우기 십상이다. 그런 사람들을 우리는 주변에서 수도 없이 만나는데, 그들은 대개 자신이 아는 것만 주장하고 새로운 의견이나 생각은 피하거나 거부하는 태도를 보인다. 그들은 자신의 삶을 위해 무엇이 옳은지 논하는 현인(賢人)이 되기보다 자신이 아는 고정관념만 선택하는 바보가 되려고 한다. 책 읽기는 자신에 대한 반성과 문제점 개선에 대한 노력에서 시작한다. 지금의 자신이 어떤 상황인지, 어느 위치인지 인지하는 것에서부터 변화를 꾀할 수 있기 때문이다. 그래서 우리는 책을 읽으며 반성이라는 키워드를 놓치지 말아야 한다.

둘째, 책 읽기의 기본은 의식적으로 배우고 성장하려는 태도와 행동이다. 그런데 여전히 배우지 않으려는 사람들이 있다. 자신이 아는 것이 틀렸는데도 끝까지 옳다고 우기는 사람들이다. 그들은 배움으로 가는 길을 발견하지 못한다. 삶이 주는 교훈을 배우지도 못한다. 성장과 발전을 원한다면 나의 과거에 대한 치열한 되새김질이 필요하다. 그 다음으로는 개선을 위해 악착같이 배우려는 노력이 필요하다. 책 읽기는 그 배움에 발판이 되어야 한다.

마지막으로 바닥으로 추락하지 않으려면, 지금보다 현명해지려면 누군가의 도움이 필요하다. 우리를 인도해줄 안내자가 있어야 헤매지 않고 배우며 발전을 도모할 수 있다. 누구나 내 마음을 잘 헤아려주고 옆에서 차근차근 알려주는 선생님을 바라지만 성인이 된 후에 그런 선생님을 만나기란 쉽지 않다. 그런데 '책'은 언제 어디서든 나의 선생님으로 초빙할 수 있다. 내 과거를 되새김질하게 도와주는 그 선생님을 모시는 값, 과외비도 비싸지 않다. 책 읽기는 내 성장과 배움을 위해 선생님을 찾는 과정이다.

과거를 냉철하게 바라보자

나의 이야기로 다시 돌아가보자. 내가 첫 책을 쓸 때 가장 힘들었던 것은 '과거 김범준'과의 결별이었다. 나는 가장 먼저 나 자신에게 저항했다. 내 과거의 문제점을 살펴야 하는데 그 과정이 너무 괴로웠다. 첫 책의 주제는 비즈니스 커뮤니케이션, 정확히는 회사 내 직장인의 말에 대한 옳고 그름에 관한 것이었다. 애초에 비즈니스 커뮤니케이션에 대한 관심이 내 업무에 활용하기 위해 시작된 것이니 책의 내용 역시 내가 갖고 있던 대화 습관들에서 출발할 수

밖에 없었다. 내가 해왔던 잘못된 방식을 하나하나 복기하는 것 자체가 괴로웠다. 주변 직장인들과의 인터뷰를 진행하면서 문제를 찾고 개선점을 제안하는 과정에서도 그들의 문제가 모두 내 문제 같았다. 마치 자서전, 아니 반성문을 쓰는 것처럼 민망하고 부끄러웠다. 하지만 확실하게 나의 과거를 들여다보고 극복해야만 책을 쓸 수 있었다. 그래야 진심이 담긴 이야기를 쓸 수 있을 것 같았다. 쉽지 않았다. 수십 번 쓰고 지우기를 반복했다.

왜 나는 과거로부터의 탈출을 어려워했을까? 그 이유는 과거의 내가 모두 실패로 느껴졌기 때문이다. 누구나 자신의 약점을 직면하는 것이 두렵고 괴롭지 않은가. 그 다음 순서인 변화란 기존 방식과 싸우고 문제를 해결해나가는 데서 가능한 것인데 나는 해결보다는 회피만 하려고 했다.

결국 어찌어찌 원고를 완성했다. 책이 나오는 순간까지 주저했다. 내 이야기를 누군가에게 고백하는 것 같아서 필명을 쓰려고도 했다. 이미 지나간 '과거'의 나인데도 그것을 밖으로 내보이기가 어려웠다. 하지만 '깨어나면 내가 그것들을 마음대로 할 수 있지만 깨어나지 못하면 그것들이 나를 마음대로 한다'는 말을 믿고 용기를 냈다. 그렇게 책은 내 이름을 달고 나왔다.

책을 읽는 것도 마찬가지다. 자신의 과거를 냉철하게 바라보는 용기가 독서의 전 과정에 있어야 한다. 그 용기가 없다면 자기 자신을 위한 좋은 책을 선택할 수 없다. 늘 그저 그런 책만 구입하게 되고 늘 그저 그렇게 읽기만 한다. 그런 독서는 결국 늘 그저 그런 삶을 계속하게 만든다. 자기 자신을 아프게 하는 책을 선택하고 또 읽기를 바란다. 개인적으론 책을 잘 읽는 것만으로도 어떤 분야에서든 상위 10퍼센트 이내에 드는 인재가 될 수 있다고 생각한다. 정해진 틀 속의 세상이 아닌 정답이 없는 사회가 이제 다가오고 있다. 이런 상황에선 개개인이 알아서 지식을 찾아나서야 하며 교양을 갖추고 자기 나름의 의견을 제시할 준비가 되어 있어야 한다. 그런데 아무리 생각해도 독서 이외에는 미래를 준비할 방법이 없다. 그러니 나의 게으름을, 나의 어리석음을, 나의 건방짐을, 나의 무식함을 알려주는 책을 찾아서 신랄하게, 아프게, 힘들게, 읽도록 하자. 책은 이 세상 누구보다도 나를 사랑하는 나 자신을 위한 선물이니 말이다.

나를 일깨우는 책

'예전에는 말이야…', '내가 한창일 때는 말이지…'

이런 말을 습관처럼 하는 사람이 아마도 주변에 한두 명은 있을 것이다. 그를 주변에서 어떻게 평가하는지 떠올려보라. 혹시 이렇지 않은가? '꼰대.' 그 사람은 자신이 경험한 노하우를 알려주겠다는, 어쩌면 선한 의도로 옛날 이야기를 하는 것일 수도 있다. 그러나 대부분의 사람은 그를 과거의 경험만으로 모든 것을 판단하는 식견 좁은 사람이라고 단정해버린다. 과거의 영광을 놓치지 않으려고 애쓰는 찌질한 사람으로 그를 바라본다. 당신은 그런 사람이 되고 싶은가.

책을 읽는 사람은 '과거' 또는 '왕년'에 집착하지 않는다. 세상이 얼마나 빠르게 변하는지 너무나 잘 알기에, 예전의 성공방식이 지금은 통용되지 않으리란 것을 알아 늘 겸손하다. 새로운 지식을 접하면서 자신이 몰랐던 세계가 있음을 인정하기에 자신의 과거를 과신하지도 않는다.

나이가 든다는 건 성장과 같을까. 아니다. 나이와 성장은 시간이 해결해주는 비례식이 아니다. 자신의 세계를 깨는 고통을 감수하면서도, 자신과 다른 세계를 만나는 경험을 두려워하지 않는 용기가 있을 때 비로소 성장은 나이에 비례한다.

성장은 낯설고 두려운 일일 수도 있다. 직장생활을 10여 년이 넘게 했지만 여전히 모르는 게 많구나, 누군가를 20년 넘게 가르쳐왔지만 정작 나 자신이 모르는 게 너무나 많다는 깨달음이 있어야 우리는 진짜 성장을 할 수 있다.

우리가 읽어야 할 책들은 나를 불편하게 하는 책들이어야 한다. 그 책들은 우리가 그동안 몰랐던 자기 자신의 낯선 모습을 드러내 줄 것이다.

자신이 바뀌는 희열을 느껴라

책을 통해 자신이 변화하는 희열을 느껴보자. 책을 왜 읽는가. 아니 책은 누구를 위해 읽는 건가. 책 읽기는 오로지 나를 위해서다. 가 족을 위해서도, 회사를 위해서도, 세상을 위해서도 아니다. 오직 나 를 위해서다. 결국 나 자신이 변화하는 책 읽기, 즉 '혁명적 책 읽 기'가 우리가 지향해야 하는 독서의 목표다. 독서가 혁명이 되려면 책을 읽으며 깨달은 새로운 규범을 나에게 정착시키고 이를 통해 읽는 행위에서 얻게 된 깨달음을 거침없이 일상에 적용하는 노력 이 필요하다.

당신도 자신과 삶에 대한 문제를 제기하는 책 읽기로 자신의 삶 을 혁명하는 데 성공하길 바란다. 독서를 통해 조금씩 나를 바꾸는 일상의 혁명가가 되는 건 정말 멋진 일이다.

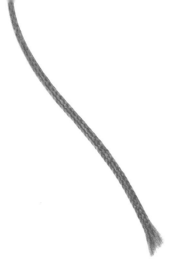

전문가보다는
솔직한 사람

의외의 이야기일지도 모르겠지만 내가 책을 선택하는 중요한 기준 중 하나가 바로 '솔직함'이다. 나는 한 사람의 경험과 반성이 솔직하게 담긴 책을 선호한다. 책을 읽는다는 것은 내가 몰랐던 새로운 사람(저자)과 새로운 주제로 새로운 이야기를 하는 일이라고 생각하기 때문이다. 현실에서도 무언가를 감추고 있는 사람과 이야기를 나누는 것이 불편하고 즐겁지 않은 것처럼 책도 이왕이면 솔직한 사람과 이야기하고 싶다는 생각으로 선택한다.

그래서 저자가 자신의 치부를 드러내고 또 그것을 개선하려고 노력하는 모습을 보여줄 때, 나는 크게 감명받고 또 남다르게 집중한다. 예를 들면 아래와 같은 저자의 소개다.

> "소년 시절, 좋아하는 책과 음악만 잔뜩 쌓아 놓고 섬에
> 서 혼자 살고 싶다고 생각했던 개인주의자였음에도 '솔
> 직히 그저 좋은 직업을 갖고 싶어서' 고시공부를 하여
> 사법시험에 합격한 후, 1997년 서울지방법원 판사로 판
> 사 생활을 시작했다. 부끄럽게도 판사의 일을 하면서 비
> 로소 사람과 세상을 배워가고 있다."
>
> (출처 :《판사유감》)

'그저 좋은 직업을 갖고 싶어서'라는 말, 굉장히 솔직한 이야기
이다. 대부분의 사람들은 타인에게 그럴싸하게 보여지길 원하는데,
이 책의 저자는 그런 것에 연연하지 않고 자신을 그대로 드러냈다.
이런 사람이 쓴 책이라면 만나보고 싶고 읽어보고 싶어진다.

《여자도 아내가 필요하다》라는 책이 있다. 이 책의 저자는 법학
교수, 시사 프로그램 진행자, 외교통상 전문가다. 저자의 프로필만
대충 훑어본다면 여자를 이해하기는커녕 고리타분하고 딱딱한 가
부장적인 남자가 아닌가 하고 단박에 느껴질 법하다. 하지만 실은
그도 어쩔 수 없이 '대한민국 보통 남편'의 수준을 벗어나지 못하
는 평범한 사람이기에 이 책을 썼다고 한다. 그는 말한다. 남들이

보기에 냉철하고 지적인 것과 달리 아내 없이는 밥 한 끼, 양말 한 짝도 제대로 못 챙기는 허술한 '가족의존형' 남자라고. 저자는 그동안 아내를 서운하게 만들었던 일에 대해 반성문을 쓰는 심정으로 이 글을 썼노라 말했다.

만약 이 분이 자신의 화려한 경력만 나열했다면 나는 절대 이 책을 사지 않았을 거다. 하지만 자신을 '양말 한 짝도 제대로 못 챙기는 사람'이라면서 밖에서는 잘나가지만 집에서 아내에게 잘해주지 못한 일들을 반성한다는 자기소개에 나는 주저 없이 책을 구매했고, 읽었고, 만족했다. 그는 여성가족부에 근무하는 가족 관련 전문가도, 가족 구성원의 심리를 전공한 의학박사도, 가정의 행복을 지킨다는 전문 강사와도 거리가 멀었지만 나는 평범한 생활인이 고백처럼 쓴 이 책에 만족했다.

이왕이면 단독 저자

시너지 효과라는 말이 있다. 1+1=2가 아니라 1+1='2 그 이상'의 효과를 낸다는 뜻이다. 혼자서 하는 것보다 누군가와 함께 일을 할 때 더 큰 효과가 나타난다는 의미이다.

그렇다면 책에서도 이것을 그대로 적용할 수 있을까. 있다. '공동 저자'가 그것이다. 자신의 부족한 부분을 다른 사람이 보충하고, 또 다른 사람이 부족한 부분을 보완하여 책을 완성한다. 이런 책에 더 신뢰가 가는가. 완성도가 있어 보이는가.

하지만 나는 공동 저자의 책보다는 단독 저자의 책을 고르는 편이다(대학이나 대학원에서 쓰는 수업교재는 예외다). 공동 저자의 책에 대해선 일단 의구심을 갖는다. 이것을 책 선택의 기준으로 삼는 것에 대해 나는 이렇게 이야기하곤 한다.

1) 같은 책이라면 공동 저자보다 단독 저자의 책을 구입하자.
2) 공동 저자의 책이라면 그 수많은 공동 저자 중 어느 한 명의 내용이 괜찮으면 만족하자.

예를 들어 보자. 공동 저자인데 네 명 이상의 이름이 나열되어 있는 경우, 특별한 경우를 제외하고 나는 구입을 보류한다. 비슷한 주제의 다른 책이 있는지 찾아보고 단독 저자의 책이 있다면 그 책을 구입한다. 만약 공동 저자의 책을 서점에서 훑었는데 일부 내용이 좋다면 구입을 하되 그 좋은 부분만 보고 사는 것이라고 스스로 다짐하고 다른 부분에는 큰 기대를 하지 않는다. 물론 그 밖에도 좋은 내용이 나오면 그건 보너스라고 생각한다.

하나의 이야기를 풀어내고 이야기한다는 점에서 나는 화자가 한 명일 때 보다 몰입도 높은 글이 나온다고 생각한다. 개인적인 경험으로도 공동 저자로 했던 작업보다 단독 저자로 작업할 때 충실할 수 있었다. 원고에 대한 책임을 온전히 혼자 짊어지기 때문에 게으리할 수 없었다.

공동 저자로 책을 쓰게 되면 처음에는 의욕적으로 된다. "백지장도 맞들면 낫다."는 속담이 실감되는 순간도 있다. 하지만 종종 출간의 책임에 대해 공동 저자 사이에 이견이 생기기도 한다. 그렇게 생각했던 방향이 미세하게 틀어지기 시작하면 집필 작업부터 순조롭지 않아진다. 내용의 통일성은 물론 형식도 일관성이 있어야 하는데, 저자마다 문체도 다르고 선호하는 구성이나 흐름도 다르기 때문에 맞추기가 쉽지 않다. 사람마다 성격이 다 다른 것과 같다. 내용은 통일성이 있어도 어느 한 사람은 간결한 글쓰기에 익숙하고, 다른 한 사람은 유려하지만 만연체(蔓衍體)의 문장에 길들여져 있다면 그 책을 읽는 독자는 혼란스러울 수밖에 없다. 물론 편집 과정에서 이런 부분을 수정하긴 하지만 확실히 한 사람의 글을 다듬는 것보다는 까다로운 작업이고 그 과정에서 왜곡이 생길 수도 있다.

그리고 저자로서도 단독 저자일 때 마음가짐이 남다르다. 고독

한 작업을 오로지 혼자서 감당해야 한다. 완성될 원고에 대한 책임 자체도 그렇지만 작업을 자신의 힘으로 끝까지 진행해야 한다는 게 마치 숙명처럼 느껴지기도 한다. 결국 혼자서 집필을 해야 할 때 공동 저자일 때보다는 강한 의지로 임하게 해준다.

비슷한 주제의 책 사이에서 갈등한다면 단독 저자의 책을 선택하라고 권하고 싶다. 특히 200~300페이지 남짓한 단행본에 저자가 세 명 이상이라면, 그 책이 전문서적(대학교 교재 등)도 아닌 대중을 겨냥한 단행본이라면 더더욱 말이다.

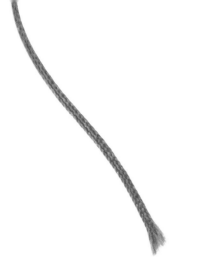

책 선택에서
실패하지 않는
세 가지 기술

읽을 책을 어떻게 선택하는가? 일단 서점에 가서(혹은 온라인 서점에서) 신간을 보는가, 베스트셀러 매대를 보는가. 아니면 누가 좋다고 추천한 책이나 신문에서 소개하는 책을 찾아보는가.

책을 선택하는 데 있어 내가 주의하는 몇 가지 사항을 이쯤에서 이야기해보겠다. 흔히 서점에 갔다가 표지에 이끌려서, 베스트셀러여서 충동적으로 책을 구매하는 일도 있을 것이다. 그런 일을 방지하고 목적에 맞는 책을 고르기 위한 나만의 팁이 있다.

베스트셀러 매대에서는 책을 고르지 않는다

이왕이면 책을 살 때는 분야 매대에서 책을 살펴보고 선택하기 권한다. 보통은 서점 입구, 사람들이 드나들기 좋은 곳에 베스트셀러 매대가 있는데, 그 매대는 요즘 인기 있는 책들이 이런 거구나 참고만 하되 그곳에서 책 구입을 결정하지 않는다. 설령 결과적으로는 베스트셀러로 랭크된 책을 사게 되더라도 분야 매대에서 다른 책들과 비교하고 결정하길 바란다. 베스트셀러라고, 많은 사람들에게 인기가 있다고 반드시 내게도 '베스트'인 책이 되지 않기 때문이다. 게다가 베스트셀러 매대에서만 책을 고르면 출간된 지는 비교적 오래됐지만 오랫동안 인기를 얻고 있는 다른 책들을 살피지 못하고 지나칠 수 있다.

목표 관련도 순으로 서점을 돈다

집 앞 5분 거리에 서점이 있으면 좋겠다고 매일 나는 생각한다. 퇴근길에 서점에 들러 책을 구경하는 것만으로도 행복할 거라고 말이다. 서점을 놀이터처럼 영화관처럼 쉼터처럼 즐길 수 있을 것 같다. 하지만 대부분의 사람들은 그렇지 않다. 서점은 많이 가면 한 달에 한두 번, 마음먹고 가야 하는 상황이 대부분이다. 특히 한 번 서점에 갔을 때 책을 구입해야 하는 상황이라면 서점은 단순히 놀이공간처럼 되기 어렵다. 성장의 도구로 내 목표에 맞는 책을 신중하게 찾아야 하는 곳이기 때문이다.

일단 서점에서는 헤매지 말아야 한다. 그래서 나는 휴대폰 메모장에 간단히 관심 주제나 책들을 정리해서 간다. 일단 목록을 적어서 가면 절대 헤매지 않는다. 나는 서점에 가면 장난감 가게에 온 아이처럼 눈 돌아가는 줄 모르고 구경을 한다. 요즘 서점은 예전과 달리 커피도 팔고 아이디어 상품이나 예쁜 소품, 각종 캐릭터 상품 등 구경할 게 많다. 오랜만에 서점에 가면 내가 미처 조사하지 못한 책들, 게다가 너무 재미있을 것 같은 각양각색의 책들이 나를 유혹한다. 서점에 갈 때마다 '이렇게 재미있는 책들을 언제 다 읽지' 하고 생각한다. 그 유혹을 이기지 못하고 때로는 엉뚱한 책을 사오기도 한다.

가능하면 자신에게 가장 필요한 책의 목록을 마음에 정하고 그 순서대로 매대를 돌아라. 그래야 애초에 당신이 읽으려고 했던 책을 고르는 데 충실할 수 있다. 온라인 서점에서 주로 책을 사는 사람도 역시 마찬가지다. 온라인 서점 사이트에 접속하면 첫 화면에

노출된 책에 현혹되기 쉬운데, 마침 당신이 생각한 주제의 책이었다고 하더라도 덥석 구매하지 말고 키워드 검색을 통해 기존에 어떤 책들이 있는지 쭉 살펴볼 필요가 있다. 가능하면 독자 서평도 체크해보라. 온라인 서점의 메인 화면에 있는 책들은 신간 위주, 광고도서 위주로 노출되기 때문에 실제 구매 후 당신이 원하는 내용이 아닐 가능성도 크다.

평소 자신의 독서 분량을 고려해 책을 고른다

요즘 책들은 분량에서 극단적으로 나뉘는 경향이 있다. 내가 주로 읽던 자기계발서와 경제경영서는 보통 300쪽 내외 분량의 책이 많았던 것 같은데, 요즘은 겨우 200쪽을 넘길 정도로 페이지가 적거나 아니면 500쪽 내외의 벽돌책도 많이 출간되고 있다. 개인 취향이긴 하지만 내 경우 500쪽이 넘는 분량의 책은 여러 번 생각하고 구매한다. 예전에는 분량이 있는 책을 좋아했다. 어쨌든 하나의 주제에 대해 이렇게 많은 이야기를 풀어냈으니 깊이 있게 다뤘을 것이란 기대 때문이었다. 하지만 지금은 비교적 독서주기를 짧게 만들 수 있는, 300쪽 내외의 책을 선호한다. 나를 변화시키기 위해 책 읽기를 생활화하는 것이 중요하고, 그런 면에서는 독서 성취를 자주 느낄 수 있는 것이 좋다고 생각해서 그렇게 한다. 단적으로 말하면 깊이가 있고 없고 보다는 그 책을 읽을 수 있느냐 없느냐가 더 중요한 문제이기 때문이다.

양이 너무 많으면 독서의 루틴이 깨지기 쉽다. 이후에 이야기할 발췌독에 익숙한 사람이라면 벽돌책도 빠르게 독파할 수 있겠지만, 그런 수준에 이르기까지는 어느 정도 시간이 필요하다. 책을 선택할 때 평소 독서 습관을 고려해 양적으로 적당한 책을 고르는 것이 실패하지 않는 독서법임을 기억하자.

좋은 책을 읽는 것은

과거 몇 세기의 가장 훌륭한 사람들과 이야기를 나누는 것과 같다.

— 르네 데카르트(Rene Descartes)

제4장

생활형
독서가에게
맞는 책 읽기

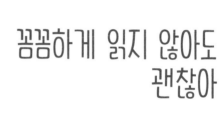

꼼꼼하게 읽지 않아도 괜찮아

커피 두 잔이 넘는 돈, 요모조모 고르고 골라서 책을 샀건만 하나의 메시지만 기억하라니 섭섭한 이야기라고 할지도 모르겠다. 그렇지만 지난 3개월간 읽은 책들 중 머릿속에 남은 게 있는지, 그 책이 내게 어떤 의미를 주었는지 확실한 한마디로 말할 수 있는지 생각해보면 책에서 딱 한 줄의 메시지를 기억하는 일이 얼마나 어려운 일인지 알 것이다. 물론 즐거운 시간을 보내고 많은 이야기와 정보를 얻는 단계까지만 원한다면 찬찬히 모든 내용을 음미하며 읽는 게 중요하겠지만, 나처럼 현실의 문제를 해결하겠다는 목표가 있는 독서가에게는 모든 내용을 습득하는 것보다는 내가 필요한 부분(메시지)을 정확하게 캐치하고 빠르게 현실에 적용하는 게 중요하다. 그러니 한 권의 책에서 딱 하나의 메시지만 건졌다고 해도 성공적인 독서라고 말하고 싶다.

그리고 책은 무조건 좋은 거라고 신성시하는 것과 마찬가지로 책에서 많은 것을 기대하는 것은 다소 경직된 독서를 만들 수 있다. 생활처럼 독서하려면 유연하고 편안하게 책을 읽어야 하는데, 책이 말하는 것을 모두 체득하겠다고 의욕적으로 나섰다가 난이도나 분량에서 독서 장벽이 생기면 독서 자체를 빠르게 포기하게 된다.

한 권의 책에서는 메시지 하나만 기억해도 충분하다

흔히 책은 처음부터 끝까지 읽어야 하고 꼼꼼하게 읽어야 한다고 생각하는 사람이 많다. 시간을 내서 규칙적으로, 한 번에 한 권씩 읽어야 한다고 말하는 사람도 있다. 그러나 주 5일, 9시부터 6시까지 회사에서 또는 자신의 사업장에서 일하는 사람들, 특히 도구로서 책을 선택한 독서가들에겐 맞지 않는 방법이다. 물론 끝까지, 꼼꼼하게 읽는 것도 중요하지만 내가 책에서 필요로 한 부분을 얻은 마당에, 끝까지 꼼꼼하게 읽어야 한다는 생각 때문에 책을 붙들고 있을 필요는 없다. 끝까지 꼼꼼하게 읽어야 한다는 것은 고정관념이다. 사실 독서라는 것이 내 삶을 풍요롭게 하기 위한 도구라는 측면에서는 내가 필요로 한 것을 얻어냈을 때, 그게 재미든 지식이든 무엇이든, 그것만으로 완전한 가치가 있는 행위라 볼 수 있다. 실제로 나 역시 책 본문을 읽지 않았는데도 크게 도움을 받아 책장에 고이 간직해두는 책이 있다. 소설《실락원》의 작가 와타나베 준이치가 (뜬금없이) 쓴 자기계발서《둔감력》(개정판은《나는 둔감하게 살기로 했다》)이다. 이 책의 주 메시지는 세상을 행복하게 살아가기 위해서 필요한 것은 약간의 무딘 감정이나 감각, 즉 둔감력이라는 것이다.

커뮤니케이션에 관한 연구를 한창 하고 있을 때, 제목에 끌려 구입했던 책이다. 둔감력, 둔감한 유형도 커뮤니케이션 태도의 한 유형으로 표현할 수 있겠다는 생각에 궁금해서 읽기 시작했다. 솔직히 본문은 내가 기대했던 내용은 아니었지만 적어도 개인적인 측면에서 의미하는 바가 컸다.

나는 예민한 편이라는 말을 많이 듣는다. 감추려고 하지만 별것 아닌 말 한마디에 쉽게 상처받는 일이 잦았다. 그럴 때는 과도하게 자책하거나 분해서 회사 일을 제대로 할 수 없을 때도 있었다. 이 책은 그런 내게 '내가 다른 사람들보다 조금 더 민감하고 예민한 것뿐이지 내 잘못이 아니다'라는 깨달음을 주었다. 지금도 종종 그 책을 들여다본다. 표지나 서문을 읽는 것만으로도 이전의 깨달음을 되뇌며 스스로를 다독인다.

《톰 소여의 모험》을 쓴 작가 마크 트웨인은 "당신에게 가장 필요한 책은 당신으로 하여금 가장 많이 생각하게 하는 책이다."는 말을 했다. 책을 처음부터 끝까지 꼼꼼하게 읽으려고 하지 말고 내가 계속해서 생각할 수 있는 메시지 하나를 찾자. 그것이 우리에게 필요한 독서법이다.

책 읽기가 만만해지는
부분 독서

책을 처음부터 끝까지 꼼꼼히 읽지 않으면서도 내가 필요한 '하나의 메시지'를 찾는 방법이 있을까? 있다. 바로 '부분 독서'이다.

필요한 부분만 골라 읽자

책 읽기란 처음부터 끝까지 완(完)해야 하는 것도, 뜻을 새겨가며 자세히 정(精)해야 하는 것도 아니다. 처음부터 꼼꼼히 읽는 습관을 버리지 못하면 머리말 읽고 첫 번째 챕터의 몇 페이지 읽다가 지치기 딱 좋다. '언제 다 읽지?'라는 무지한 질문을 스스로에게 한 후 절망하기 십상이다. 예를 들어보자. 300페이지 분량의 책을 샀다. 밤에 프로야구도 안 보고 마음먹고 한 시간 동안 집중했는데 아직도 서론이거나 20페이지 정도 읽은 것에 불과하다면, 얼핏 보니 내가 원하는 내용은 200페이지쯤은 되어야 나올 것 같다면? 당신이 필요한 내용은 열 시간 독서 후에나 얻을 수 있다.

전략적으로 필요한 부분을 빠르게 캐치하는 방법이 필요하다. 이때 필요한 것이 부분 독서, 또는 '발췌독', '중요부분 먼저 읽기'라고 할 수 있다. 이 방법을 적용하면 정말 적게 읽을 때는 300쪽 내외의 책도 20~30여 쪽만 읽어도 필요한 부분만, 흥미를 느끼는 부분만 발췌해서 읽을 수 있다.

언젠가 《10일 만에 끝내는 MBA》라는 책을 읽은 적이 있다. 경영학에 '조직행동'이라는 분야가 있음을 알았는데 전문적인 대학 교재, 예를 들면 '경영학원론'이나 '조직행동론' 같은 책은 읽기가 부담스러워서 그 분야를 맛본다는 느낌으로 구입해서 읽었던 책이다. 책 자체는 경영학에서 가르치는 다양한 과목 전반을 다루고 있는데, 나는 조직행동론에 가장 관심이 있었기 때문에 목차에서 조직행동론 부분을 먼저 찾았다. 조직행동론 관련 내용이 열 개의 장 중 하나의 장으로 구성, 정리되어 있었다.

넷째 날 _ 조직행동론

　　　조직행동론의 문제 해결 모델

　　　개인 및 조직 차원의 조직행동론 주제

　　　조직 차원의 주제

　　　#조직행동론 요점 정리

　　　#반드시 챙겨야 할 조직행동론 용어

　한 개의 장이긴 했지만 생각보다 내용이 만만치는 않았다. 해당 부분만 이틀에 걸쳐 읽었다. 하지만 초보 수준인 내게는 '이런 게 조직행동론이구나' 적당히 체감할 수 있던 책이었다.

　그러다가 한동안 이 책을 잊고 있었다. 한참 시간이 지난 후 어느 날, 커뮤니케이션과 경영전략을 접목한 주제로 원고 청탁을 받게 되었다. 경영전략은 대학원 때 공부해본 경험은 있긴 했지만 20매 내외의 원고를 쓰기 위해 참고할 만한 자료들이 필요했다. 이번에도 역시 두툼한 경영전략 교과서는 부담스러웠다. 대학 교재들은 발췌독마저 시간이 오래 걸릴 것 같아서 잊고 있던 그 책을 다시 꺼내보았다. 다행히 마지막 장에 '전략'을 다루고 있었다.

아홉째 날 _ 전략

　　　조직의 한 부분으로서의 전략 : 7S 모델

예전에 조금이라도 공부했던 내용이어서 그런지 조직행동론을 읽을 때보다 빠르게 읽어나갈 수 있었다. 어떤 식으로 커뮤니케이션과 경영전략을 연결해야 할지, 원고 집필에 도움이 될 만한 약간의 힌트도 얻을 수 있었다.

발췌독은 목차에서 필요한 부분만 찾아 읽는 방법만 가능한 것이 아니다. 책 전체를 눈으로 쭉 훑으면서 자신에게 필요한 키워드가 나오는 부분만 정독으로 읽는 것도 방법이다. 어떤 방식을 택하든 자신에게 부담스럽지 않은 쪽으로 시도하고 활용하길 바란다.

우리는 시를 쓰는 사람이 아니다. 예술로 밥벌이하는 사람도 아니다. 생활의 현장에서 열심히 일하며 조금 더 나은 내일을 위해 책을 읽는 생계형 독서가이다. 그렇다면 발췌독과 부분독이 꽤 유용하다고 생각한다. 개인적으론 생활인인 우리가 발췌독, 부분독 등이 가능해지는 때가 독서 수준이 혁명적으로 올라가는, 성공적인 독서가에 접어든 순간이라고 생각한다. 이때부터 책을 자신의 변화를 위한 도구로 자유롭게 활용할 수 있게 된다. 내가 추구해야 할 주제를 찾아서 책을 선택하고, 나만의 의견을 만들 수 있는 무엇인가를 본문 중에서 발견하며, 동일한 주제의 다른 저자의 책을 읽고 타인의 사고 조각들을 연결하면서 내게 필요한 주제의 조감도를 만들어가는 작업을 해나가게 되는 것이다. 이때야말로 당신의 독서가 궤도에 오른 때라고 생각한다.

책 한 권을
가장 빨리 읽는 방법 ①

책 한 권을 가장 빠르게 독파하는 방법을 소개한다.

'표저머맺-목다본다'

표지, 저자 소개, 머리말, 맺음말, 목차, 다시 보기, 본문, 다음 책 찾기 순으로 책을 읽는 것이다. '표지'에서는 주제와 키워드를, '저자 소개'에서는 배경(내용을 전개하는 근거가 경험, 연구(이론), 조사, 인터뷰 등인지 가늠할 것), '머리말'에서는 집필 동기, '맺음말'에선 독서 후의 효과 등을 압축적으로 확인한다. 본격적으로 '목차'를 보며 전체적으로 어떤 구성으로 책이 정리되어 있는지 보고, '다시' 목차를 확인하면서 내게 필요한 부분을 찾아낸다. 선정된 목차의 '본문'을 발췌독한 후엔 '다음에 읽을 책'을 고민해본다. 이 방식이 내가 책을 읽는 방법이다. 책을 연구의 대상이 아닌 이용의 대상으로 보는 나는 이 방법으로 책을 읽을 때 책의 핵심을 가장 빠르게 이해할 수 있었다. 이렇게 책을 읽다 보니 내용이 어려운 책도 부담이 없었다. 거기에 책 한 권으로 끝나는 독서가 아니라 동일 주제에 대한 다른 저자의 책을 살펴보는 독서로 이어지는 장점도 있었다.

표지는 이렇게 읽는다

첫 인상은 중요하다. 사람의 호감이 첫인상에서 판가름 나는 것처럼 책도 그렇다. 표지는 이 책이 나에게 맞을 것인가 아닌가를 판단하는 첫 시작이니 주의 깊게 살펴야 한다. 독서가로 유명한 작가 목수정은 표지에 대해 이렇게 말했다.

> "저자나 역자를 중요하게 여기지만, 표지의 느낌도 저한테는 참 중요하게 다가옵니다. 그것은 저자와 편집자가 이 책을 어떤 색깔로 독자에게 전달할 것인가에 대한 선택이지요." (출처 : 〈채널예스〉 2014년 1월 14일자)

우선 책의 전체적인 느낌을 보자. 표지 디자인만 봐도 책의 난이도를 가늠할 수 있다. 대체로 책 크기가 작을수록 난이도가 쉽다. 색상이 많이 쓰일수록, 제목 글자가 명조나 고딕이 아니라 손글씨나 변형 서체일수록 읽기에 더 수월하다.

제목, 부제목을 살펴본 후엔 띠지, 뒤표지 순으로 본다. 앞표지에서는 내가 필요로 하는 주제가 맞는지, 내가 찾는 키워드를 포함하고 있는지 살핀다. 지금까지의 경험으로 보면 제목이나 부제목보다는 띠지를 주의해서 보라고 이야기하고 싶다. 띠지는 책의 광고판이라고 할 수 있는데, 독자에게 가장 어필하고 싶은 지점을 모아놓은 압축이라고 할 수 있다.

제목과 부제는 도서관과 서점에 기록되는 부분이고 표지는 책의 얼굴이기 때문에 오해, 오류가 없도록 비교적 조심스럽게 문구를 짠다. 띠지는 앞표지와 뒤표지에서 미처 말하지 못했던 본문에 대한 설명이나 세밀한 표현으로 독자를 유혹하려는 최후의 호소다.

뒤표지는 팝업창과 같다. 앞표지를 보고난 뒤에도 머뭇거리는 우리에게 '이래도 안 읽을래?'라며 윽박지르는 것 같다. 책의 내용을 요약해서 보여주거나 그 책을 먼저 읽은 사람들의 추천사로 가득하기도 하다. 모두 읽어볼 만하다. 단, 그것을 있는 그대로 받아들일 필요는 없다. 책 전체의 요약이 실제 책의 내용보다 훌륭하고, 누군가의 추천사가 책의 질(質)을 담보하지 못하는 경우가 부지기

수이니 말이다.

표지는 첫인상과 같다. 아주 짧은 순간이지만 '내 책'이 될 가능성이 있는 책들이 나에게 말을 걸고 있는 것이다. 내가 그 책에 대해 가진 궁금증, 그게 바로 표지를 읽는 태도다. 주제와 키워드, 난이도를 가늠해보고 띠지와 뒤표지를 통해 내가 이 책에서 진짜로 얻을 수 있는 내용이 있는지 조심스럽게 상상해보라.

'저자'보다 '저자의 주변'을 상상하라

나는 '나와 비슷한 사람'이 쓴 책을 신뢰하는 편이다. 나와 관련성이 많은 책이 친숙하다. 나는 직장인이다. 나는 회사에서 매일 치열한 전투를 한다. 그래서 업무와 관련된 책을 자주 본다. 새로운 영업 방식부터 새로운 비즈니스, 트렌드, 심지어 보고서 작성과 엑셀 사용법까지 업무에 도움이 되는 주제에 관심이 많다. 그래서 책을 선택할 때 역시 '나와 유사한 환경에 있는 회사원'이 쓴 책을 선호한다. 이전에 회사에 있었던 사람의 책도 좋지만 이왕이면 현재 활발하게 활동하고 있는 구성원이 쓴 책에 더욱 호감이 간다.

현재 조직에 있는 일반인들이 쓴 책은 교수 등의 전문가들이 쓴 책에 비해서 부족한 점도 있다. 논리성과 엄밀성도 떨어지며 근거가 약할 때도 있다. 그럼에도 불구하고 '비전문가들이 전문가의 열정을 갖고 쓴 책'들이 나의 실생활에 도움이 되는 경우가 많았다. 그들이 고군분투한 사례가 — 그것이 성공이든 실패든 관계없이 — 내게는 큰 도움이 되었다.

당신이 직장인이며 마케팅 담당자라고 해보자. 유명한 교수님들이 쓴 마케팅 책은 세상에 차고 넘친다. 마케팅원론 등의 개론서부터 마케팅의 모든 분야에 걸쳐 분야별로 전문적인 내용을 서술한 책들은 서점에 쫙 깔려 있다. 언젠가는 반드시 차분히 읽어야 할 책들이다.

하지만 당장, 나는 마케팅을 공부하는 사람이 아니다. 지금 내게 필요한 건 현재 마케팅 관련 부서에서 근무하며 틈틈이 자신의 생각을 정리한 내용을 담은, 나와 같은 직장인이 쓴 책이다. 그들의 마케팅 성공담을 읽으며 의지를 불태우고 실패담을 보며 모든 일에 주의를 기울이는 조심성을 갖게 된다.

개인적으론 전문가들이 쓴 책은 내게 마치 '그렇게 하면 안 돼!'라고 경고하는 느낌을 주는 경우가 많았다. 하지만 나와 같은 상황의 저자들이 쓴 책은 '힘들지? 나도 그랬어. 혹시 이런 경우는 없었어?'라고 물어보고 위로해주고 결국에는 함께 길을 찾아나가는 과정 같아서 좋았다. 책에 담긴 사례도 마찬가지다. 현장가들이 쓴 책은 논리가 부족하기도 하지만 거기에는 생생한 현장이 녹아 있다.

그들이 사례로 보여주는 실제 경험담은 내게 보물과도 같다. 그들의 실수에서, 또 그들의 성과에서도 모두 얻을 게 많다.

　이야기를 들어보니 최근에는 출판사에서 전문 분야에 종사하고 있다는 그 이유 하나만으로도 '전문성'을 지닌 사람으로 인정해주고 책을 내기도 한다고 한다. 내가 만약 평범한 회사원이라 할지라도 '살사 댄스' 동호회 회장이거나 운영자 직급에 있다면 '살사 댄스'에 대해서는 그 어떤 전문가보다 인정을 해준다는 말이다. 이런 상황에 나는 전적으로 동감한다. 평범한 사람이 어떻게 춤을 배웠는지에 대해선 춤을 직업으로 하는 사람이 아니라 취미로 춤을 추는 평범한 직장인의 이야기가 훨씬 공감될 테니 말이다.

머리말을 읽는다

우리는 보통 책을 순서대로 읽는다. 책의 표지, 저자 소개 그리고 머리말, 그 다음 목차를 확인한 후 드디어 본문을 읽기 시작한다. 그렇다면 책의 저자도 위의 순서대로 책을 쓸까. 아마 독자들은 '당연히 그렇게 쓰겠지'라고 생각할 거다. 아니다. 오히려 반대다. 머리말은 책의 앞부분에 위치하고 있을 뿐, 가장 먼저 쓴다는 뜻이 아니다. 내 경우엔 본문을 쓰고, 목차를 정리한 후 머리말을 쓴다. 그렇게 머리말은 책을 쓸 때 가장 마지막에 쓰는 경우가 많다. 표지에 있는 제목? 제목은 책 출간 마지막까지 진통을 겪으며 수정되는 경우가 대다수다.

머리말은 저자가 독자에게 말을 처음 거는 부분이다. 이 책을 독자가 어떻게 봐주었으면 하는 바람을 담는다. 보통은 책을 집필하게 된 계기나 배경, 전체 내용의 요약, 책의 의의 등이 포함되어 있다. 핵심을 빠르게 파악하기 위해 여기서 가장 중요한 것은 저자가 어떤 이유로 책을 썼는지 확인하는 것이다. 머리말을 읽으면 독후 효과뿐 아니라 주제가 어떻게 진행될지 미리 예측할 수 있다. 여기에 책 내용을 요약해주는 부분이 있다면 더 좋다. 전반적인 흐름과 주요 부분을 가늠하는 데 도움이 된다.

덧붙여 머리말을 통해 본문에서 어떤 문체로 이야기할지 엿볼수 있다. 사람과 대화할 때도 말투에 따라 사람의 인상이 바뀌는 것처럼 책도 비슷하다. 사람마다 호감을 갖고 있는 문체가 있을 것이다. 간결하고 명료하게 말하는 문체가 있고, 비록 길더라도 비유와 사례를 적절히 섞어가며 정확하게 설명하는 문체가 있다. 머리말을 읽으며 이 책이 내가 읽는 호흡과 궁합이 맞는지 확인하는 것도 책 선택에 도움이 된다. 참고로 머리말을 읽을 때는 다음과 같은 부분에 중점을 두고 읽으면 도움이 된다.

1) 저자는 어떤 분야의 전문가일까.

2) 저자는 왜 이 책을 쓰게 된 걸까.

3) 저자가 집중한 부분은 무엇일까.

4) 저자가 연구를 통해 알아낸 부분은 무엇일까.

5) 저자의 개선방안은 어떤 효과를 가져왔을까.

　책의 머리말을 읽을 때도 위의 다섯 가지 항목이 어떻게 정리되어 있는지 살펴보는 게 좋다. 이 내용은 책을 읽을 때 고민해야 할 가이드와 같다. 머리말을 잘 살펴보면 책의 어느 부분에 집중해야 할지 선명하게 나타나기도 한다. 참고로 나는 첫 책을 쓸 때 머리말을 이런 흐름으로 썼었다.

1) 나는 직장에서의 바람직한 대화법을 몰랐다.

2) 회사에서 자주 승진에 탈락했는데 나의 대화법에 문제가 있음을 알았다.

3) 그때부터 회사에서의 말하기에 대해 연구하기 시작했다.

4) 내가 부족했던 부분에 대한 개선방안을 찾아냈다.

5) 개선방안을 적용하니 효과가 있었다.

머리말에 이런 내용들이 빠짐없이 들어가 있다면 그 책은 머리말만으로도 훌륭한 가치를 한다. 잘 짜인 머리말 그 자체가 책 한 권을 읽는 효과를 발휘하기도 하기 때문이다. 그러니 저자가 공들여 쓴 머리말을 그냥 스쳐지나가지 말기 바란다.

머리말 다음에는 맺음말을 읽는다

"If I'd had some set idea of a finish line, don't you think I would have crossed it years ago?"

마이크로소프트 창업주 빌게이츠의 말이다. '만약 결승선에 대해 정해진 생각을 갖고 있었다면, 내가 그 결승선을 이미 몇 년 전에 넘었을 거라고 생각하지 않으세요?'라는 의미다. 우리는 지금 결승선을 생각하며 살아가고 있는 걸까. 우리의 일상이 어디로 흘러가는지 정도는 고민하고 사는 삶이 정상적인 삶이라는 말이다. 결승선이 어디에 있는지 혹은 어떻게 생겼는지 미리 볼 수만 있다면 결승선을 향해 가는 발걸음은 보다 확실해진다. 책도 마찬가지다. 책에도 결승선이 있다. 바로 맺음말이다.

맺음말에는 책이 지향하는 방향이나 책을 통해 독자가 얻어낼 수 있는 효과나 성과 등이 언급된다. 이 역시 목차와 본문에서 우리가 필요한 부분을 찾아 볼 수 있게 하는 유용한 힌트가 된다. 우리의 목적은 책을 끝까지 읽는 것이 아니라 필요한 부분을 빠르게 읽는 것이다. 그렇다면 본문 이전에 맺음말을 먼저 읽으면 내가 읽어야 할 부분을 찾는 데 있어 현명한 전략이 될 수 있다. 머리말과 차이점이 있다면 맺음말은 사람의 묘비명과 같아서 책을 다 집필하고 난 저자의 솔직한 심경을 엿볼 수도 있다.

책의 맺음말은 책을 어떻게 썼는지 그 과정이 응축되어 있는 경우가 많다. 책에서 독자가 얻어야 할 성과에 대한 저자의 바람이 담겨 있기도 하며 부족한 부분에 대한 저자의 반성이 들어 있기도 하다. 맺음말은 독서에서 일종의 목표가 될 수도 있다. 책의 머리말 혹은 목차가 나침반이라면 책의 맺음말은 우리가 책을 통해 얻어내야 할 북극성이라고 볼 수 있다. 그러니 본문을 섣불리 읽으려고 서두르지 말고 천천히 맺음말부터 읽으며 책의 방향성을 확인하는 기회로 삼도록 하자.

책 한 권을
가장 빨리 읽는 방법 ②

목차를 보면서 '내 것'을 찾는다

목차는 보통 4페이지 내외다. 무시할 수도 있는 분량이지만 목차에 담긴 의미는 그렇지 않다. 이 4페이지는 300페이지 정도의 단행본 내용을 가장 간결하게 짐작해볼 수 있는 지도와 같다. 충분히 음미하는 시간이 필요하다. 소설이나 시를 읽는다면 모르겠지만 자신의 성장을 돕는 자기계발서, 경제경영서, 예술 및 과학 전문서적의 독서에 있어 목차를 면밀히 읽는 건 아주 중요한 일이다.

목차에는 두 가지 유형이 있다. 단순히 내용을 열거하는 목차와 처음에서 끝으로 논리적으로 연결되는 목차가 그것이다. 내용 열거형의 목차로 이루어진 책은 발췌독에 편리하다. 각 장과 장의 인과관계가 느슨하기 때문이다. 논리적인 목차로 연결된 책은 읽어야 할 부분을 판단하는 데 다소 어렵다. 그러나 목차 구성의 형태보다는 각 꼭지별 제목을 보고 필요한 부분을 체크하면 되기 때문에 크게 고민할 필요는 없다.

내가 바라는 내용이 목차에 있는지 우선 살펴보자. 아무리 봐도 자신이 원하는 내용이 보이지 않는다면 구입하지 않는다. '공부는 아는 것과 모르는 것을 구분할 줄 아는 능력을 키우는 것'이라는 말이 있다. 책의 목차에서 자신이 이미 잘 알고 있는 것, 아직 모르고 있는 것, 자신의 성장을 위해 필요한 것을 구분하는 건 책 한 권을 선택함에 있어 필수 과정이다.

이때 내가 찾는 내용에만 국한하지 않는 열린 자세도 필요하다. 자신의 생각이나 방식과 다른 목차를 체크하는 것도 좋다. 사물이나 현상을 바라보는 시각을 넓히고자 하는 '인풋'(input)을 위한 독서를 원한다면 더욱 그렇다.

다시 보면서 저자의 의도를 점검한다

목차까지 봤다면 바로 본문을 읽으면 될까. 잠깐, 조금만 여유를 갖자. 다시 표지로 돌아와서 표지, 저자, 머리말, 맺음말, 목차 순으로 반복해서 보라. 아마 지금까지의 방법으로 표지부터 목차까지 보는 데 10분밖에 걸리지 않았을 것이다. 그러나 이를 다시 한 번 스캔하는 과정이 필요하다. 표지에서 생각했던 주제와 키워드, 저자 소개에서 생각했던 주제를 전개하는 이론적 배경, 머리말과 맺음말에서 가늠한 집필 계기와 독후 효과가 목차에서 말하는 책의 내용과 맞는지 살펴보라.

이 정도만 살펴봐도 자신이 읽을 만한 책인지 명확히 알 수 있다. 책을 가장 빨리 독파하는 방법은 우선 내 필요에 꼭 맞는 책을 선정하는 것이다. 그래야 독서에 대한 열의와 집중력을 유지하면서 읽을 수 있다. 책 선택에서 목차를 한 번 보고, 다시 또 한 번 보는 건 많은 의미가 있다. 본문을 읽기 전에 목차를 마지막으로 보면서 두 가지를 기억해야 한다. 우선 다시 목차를 보며 읽어야 할 부분을 선정해야 한다. 이때 읽어야 할 부분은 두세 곳 정도로 늘려 놓아도 괜찮다. 읽겠다고 한 부분이 이미 알고 있는 사실이나 별로 흥미를 유발하지 않는 내용이라면 다른 부분을 읽는 것으로

대체해야 하기 때문이다.

　다음으로 먼저 읽어야 할 파트를 딱 하나 고르는 일이다. 이때 파트는 한 챕터를 말한다. 300페이지 단행본 기준으로 10퍼센트, 즉 30페이지 내외의 분량을 선택하는 게 좋다. 개인적인 경험에 따라 다르지만 나의 경우 20~30페이지 내외가 한 번에 읽기 적당한 분량이었다. 이 정도의 분량은 하나의 메시지를 충분히 이야기하고 한 호흡으로 읽기 부담스럽지 않은 분량이다. 아울러 한 챕터가 50페이지, 100페이지가 넘는다면 그 책은 조금 더 독서에 숙련된 다음 기회에 읽는 것이 어떨까.

　앞에서 말했지만 처음부터 너무 많은 파트를 읽으려는 욕심을 버려야 한다. 유발 하라리란 사람이 있다. 우리나라에서도 베스트셀러였던 《사피엔스》와 《호모 데우스》의 저자다. 책 한 권을 읽는 것에 대해 그는 "정보 부족이 아니라 정보 과잉의 세상이다. 세상에는 책이 너무 많고, 반대로 시간은 부족하다. 현실적으로 다 읽을 수도 없고, 다 읽을 필요도 없다. 첫 10쪽을 읽고 더 읽어야 할지, 말지를 결정하라."(출처 : 〈조선일보〉 2017년 3월 21일자)고 말한다. 이처럼 자신이 읽어야 할 부분만 읽는 발췌독에 대해 죄책감을 느낄 필요가 전혀 없다.

　그럼에도 불구하고 책이 너무 좋아서 읽고 싶은 부분이 다섯 군데가 넘는다면 일단 표시만 해둬라. 예를 들어 1순위는 1, 2순위는

2, 마지막 5순위는 5. 그리고 일단 1순위 파트만 읽어보자. 2순위는 다른 책을 읽고 난 후에 추가로 읽는다. 이렇게 책을 아껴 읽으면 다음에 읽어야 할 부분에 궁금증도 생기고 몰입감도 더해진다. 책을 읽으면서 '책 페이지가 사라지는 아쉬움'을 느낄 수 있을 것이다. 위와 같이 책을 읽게 되면 당신 역시 그 느낌을 경험하게 될 것이다.

본문은 모두 긍정하면서 읽는다

드디어 본문이다. 목차에서 표시했던 부분을 찾아 읽는다. 자신에게 필요한 부분을 신중하게 선택한 만큼 다소 자신의 생각과 맞지 않아도 일단은 오픈 마인드로 저자의 주장과 의견에 동의하면서 읽기를 권한다. 전문가들과 대화한다는 생각으로 마음을 열고 책을 읽을수록 더 많은 생각과 지식을 받아들이게 된다. 내가 스스로 선택한 책이라면 그 책에 대해 과감하게 긍정의 행동을 해주도록 하자. '독서 체조'를 아는가. 이 체조는 독서를 하기 전에 준비운동처럼 하는 동작이다. 간단하다. 하나에 고개를 끄덕, 둘에 고개를 끄덕, 그리고 여덟까지 고개를 끄덕하면 된다. 그리고 반복. 이렇게 고개를 끄덕이며 읽으면 책의 내용이 긍정적으로 읽히게 된다.

> "이기웅 열화당 대표는 세로쓰기를 옹호한다. 그의 주
> 장에 따르면 세로쓰기 조판은 긍정의 독서, 가로쓰기 조
> 판은 부정의 독서다. 세로쓰기는 시선의 동선이 위아래
> (↕)이기 때문에 고개를 끄덕일 수밖에 없고, 가로쓰기
> 는 좌우(↔)이기 때문에 고개를 절레절레 흔들게 된다는
> 것이다."
>
> (출처 : 〈조선일보〉 2013년 12월 18일자)

자신의 생각과 일치하지 않는다고 인상을 쓰지 말고 긍정의 자세
로, 저자의 모든 생각을 받아들이는 열린 마음으로 독서를 한다면
당신의 노력은 꽤 괜찮은 성과로 보답할 것이다.

다음 책을 찾아라

이제 다음에 읽을 책을 찾을 차례다. 같은 주제를 다른 관점에서
다룬 책을 연달아 읽어야 자기 내면의 지식의 축을 단단하게 세울

수 있다. 읽고 있던 책에서 인용되거나 관련 및 추천 도서로 언급된 책을 읽는 것도 좋다. 물론 이번에도 표저머맷 목다본다 순서로 읽어나가면 된다.

'같은 주제의 다른 책 읽기'는 중요하다. 책이 책을 읽어야 한다고 나는 늘 강조한다. 한 권의 책을 통해 다른 책에 이를 수 있도록 독서는 계속 발전해야 한다. 한 권의 책을 읽으며 자신의 무지를 깨닫고 날마다 지식을 채워야 함을 알게 된다면 다른 책에 호기심이 생기지 않을 수 없다. 이런 끌림은 자연스럽게 어느 한 권의 책에서 다른 책으로 확장되면서 강화되며 바로 이때가 독서의 본격적 상승기류를 타는 시점이 된다.

한 권의 책을 읽고 난 뒤 더 이상의 책이 필요 없다는 생각이 든다면 그건 실패한 독서다. 하나의 책을 읽은 후라면 또 다른 책을 읽고 싶다는 열망이 생겨야 독서를 통한 성장이 가능해진다. '단 한 권의 책 밖에 읽은 적이 없는 인간을 경계하라'는 말처럼 오직 책 한 권으로 세상을 해석하려 하지 말아야 한다. "모름지기 남자는 다섯 수레의 책을 읽어야 한다."는 두보의 말은 많은 양의 책을 읽어야 한다는 뜻이 아닌 일생을 거쳐 책과 함께하는 시간의 중요성을 알려주는 가르침이다.

한 권의 책에서 다른 책으로 넘어가는 것에 익숙해지면 책 읽기는 의무가 아니라 권리로 여겨지며 공부가 아니라 놀이가 된다. 그렇게 되면 만만한 책 읽기가 될 것이며 우리가 그토록 원하는 독서 습관을 구축할 수 있다. 처음 읽는 책은 새 친구처럼 느껴지고 예전에 읽었던 책을 오랜만에 다시 읽으면 옛날 친구를 만나는 느낌이 드니 옛말처럼 '가장 훌륭한 벗은 가장 좋은 책이다'는 말이 저절로 이해가 된다.

물론 처음에 책을 선택할 때부터 연속해서 읽을 책들을 미리 선정해두는 것도 좋다. 다음 책 선택에 대한 구체적인 방법은 다음 이야기에서 좀 더 자세하게 살펴보도록 하겠다.

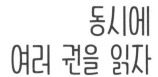

동시에
여러 권을 읽자

비즈니스 커뮤니케이션을 주로 다뤄왔던 내가 일반 대중을 상대로 커뮤니케이션 강연을 처음 하게 된 때였다. 주최 측에서 강연의 주 타깃층이 20~30대가 많으니까 기존 비즈니스 커뮤니케이션을 약간 변형해서 강연하면 될 거라고 했지만, 엄연히 일상 커뮤니케이션과 업무상 커뮤니케이션은 다른 지점이 있기 때문에 준비가 만만치 않았다. 화술에 관한 책이라면 있는 대로 다 읽었고, 책 읽기를 넘어 대학원에서 나름의 연구도 진행했건만 '비즈니스'가 아닌 커뮤니케이션을 다룬 강연은 처음이어서 잘 준비하고 다듬어서 첫 단추를 제대로 꿰고자 하는 마음이 컸다. 그러나 내게 주어진 시간은 단 2주, 준비할 시간이 충분하지 않았다.

그래서 이때도 '책으로' 해결했다. 바로 그 방법은 여러 권의 책을 동시에 읽는 것이다. 물론 같은 주제로 말이다. 혹자는 한 번에 한 권씩 읽어야 한다고 하기도 하지만, 여러 권을 동시에 읽는 것이 꽤 유용할 때가 많다.

내 경우처럼 하나의 주제를 빠르게 읽어야 할 때 특히 좋다. 당시 강연을 준비하면서 일주일 동안 같은 주제로 약 12권의 책을 읽었다. 그러면서 일상에서 어떤 소통의 문제가 있는지 가늠했고, 다른 사람(저자)들은 어떤 식으로 해결을 제시했는지 살펴봤다. 나머지 일주일은 사람들이 일상에서 겪는 문제에 대해 내가 제안할 만한 것들, 기존에 강연해온 커뮤니케이션 방법 중 적용할 만한 게 있는지 정리했다. 이 과정에서 내가 미처 몰랐던 커뮤니케이션 세계를 알 수 있었다. 성과로 연결되거나 자신의 능력을 증명하기 위한 회사에서의 커뮤니케이션과는 다른 세계를 경험할 수 있었다. 아빠로서, 남편으로서, 자식으로서, 친구로서 등 관계에 따라 필요한 커뮤니케이션 방식이 있음을 알게 되었다(이후 나는 자녀와의 커뮤니케이션까지 강연 주제를 넓혔다).

여러 권을 동시에 읽는다고 해서 겁낼 필요는 없다. 여러 권을 동시에 읽으면 잘 정리가 되지 않을 것 같지만 약간의 메모만으로도 혼동 없이 읽을 수 있다.

우선 온라인 서점에서 읽고 싶은 책의 키워드를 검색한 후 마음에 드는 책 제목을 10권 정도 메모한다. 잊어버리지 않도록 메모한 책의 제목을 나에게 문자메시지로 보낸다. 참고로 나는 내 전화번호의 이름을 '메모장'으로 설정해둔다.

다음으로 가능한 빠른 시간 내에 오프라인 서점에 간다. 그리고 메모해둔 책을 찾아서 체크해본다. 체크하면서 가장 마음에 드는 책 한 권을 오프라인 서점에서 바로 구입한다. 혹시 오프라인 서점은 할인 폭이 적다고 '집에 가서 온라인 서점에서 구입해야지'라는 게으름을 보이는 사람이 있는데 바로 그 생각이 자신의 독서를 방해하는 적임을 잊지 말았으면 좋겠다.

마지막으로 오프라인 서점에서 구입하고 싶었으나 한 권만 구입하는 바람에 '찝찝했던' 나머지 책들을 바로 온라인 서점에서 구입한다. 오프라인 서점에서 확인한 부분들을 기억하며 책을 선택한다. 자꾸 미루다 보면 결국에는 사지 못하는 경우도 생기니 최대한 빨리 구입한다. 최소 한 권은 구입해야 한다. 비슷한 주제의 책이 두세 권 있는 건 자신에게 주는 압박감이 다르다. 최소한 두세 권의 책은 최대한 빠른 시간 안에 구입하는 용기를 내어야 한다.

하나의 키워드를 지닌 여러 권의 책을 읽다 보면 그 주제에 대한 맥락이 찾아진다. 게다가 그 주제에 대해 자신만의 통찰을 만들기 쉽다. 같은 주제라고 하지만 저자마다 경험이 다르기 때문에 그것을 비교하는 과정에서 자신만의 세계에 갇혀 있던 자신을 반성할 기회도 생긴다. 나와 다른 생각들을 받아들이는 과정에서 기존에 자신이 걸었던 길에서 벗어나 새로운 길을 간접적으로 맛볼 수 있는 기회가 되기도 한다.

여러 권을 동시에 읽으면 얻게 되는 장점이 또 있다. 독서 리듬이 잘 깨지지 않는다는 점이다. 필요한 것을 빠르게 찾아 내 것으로 만드는 요령도 중요하지만 독서 리듬을 유지하는 것도 중요하다. 이를 위해 '독서에 대한 설렘'이 유지될 수 있는 이 방법이 유용하다.

여러 권을 동시에 읽는 팁을 하나 더 소개한다. 당신이 산 책을 주변 곳곳에 하나씩 배치하라. 내가 회사 사무실에 있든, 지하철에 있든, 거실에 있든, 파고들어야 하는 주제의 책을 손닿는 곳에 두면 '읽기를 시작하기' 쉬워진다.

나를 성장시켰던 독서를 돌이켜보면 내가 직면한 현실과 관련된 분야의 책들을 찾아 읽었기 때문이었다. 분야는 경제경영, 자기계발, 에세이, 건강, 인문 등 매우 다양했지만 일관되게 지금 나의 현실과 조금이라도 관련된 책을 읽으려고 노력했다. 이러한 독서가 어찌 보면 '나의 현실'이라는 주제를 일관되게 파고든 '동시 독서'가 아닌가 싶다.

가장 싼 값으로 가장 오랫동안 즐거움을 누릴 수 있는 것,

바로 책이다.

— 몽테뉴(Montaigne)

제5장

독서를
인생의
무기로
만드는 방법

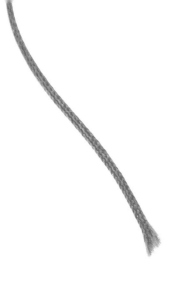

책 읽기로
제2의 인생을
설계하다

지난주 회사에서 발표할 일이 있었다. 10분 남짓의 발표였다. 업무에 대한 성공 사례를 설명하는 자리였다. 내가 발표한 성공 사례는 달리 특별한 것도 아니었다. 내용 그 자체만으로는 평범하기 이를 데가 없었다. 그러나 발표 결과는 최우수상. 상금도 두둑하게 챙겼다. 동남아 왕복 항공권을 살 수 있을 정도의, 예상하지 못했던 포상금은 내 능력을 인정받은 느낌이 들어서 기분이 좋았다.

발표가 끝나고 나서 몇몇이 나를 보고 엄지를 치켜 세우며 재밌었다고 말해줬다. 옆 부서장님은 "역시 김범준 님의 ― 우리 회사는 직급 대신에 이름에 '님'자를 붙인다 ― 발표는 대단하다."고 칭

찬을 해주셨다. 어깨가 으쓱했다. 나이를 먹어도 누군가 칭찬을 해
주면 어깨가 들썩여지는 게 사람 마음인가보다. 그리고 그날 점심
시간에 후배 하나가 슬쩍 내게 와 물었다.

"어떻게 하면 그렇게 재밌게 발표할 수 있어요?"

책이 새로운 길을 열어주었다

거래처 담당자 한 명을 만나는 것도 어려워하던 내가 이제는 수십
명, 수백 명의 청중을 상대로 강연을 한다. 게다가 나는 아주 뻔뻔
하다고 소문난 강사다. 평소 알고 지내는 지인들은 내 성격을 두고
내성적이고 약간의 대인공포증도 있다고 하기도 하는데, 강연할
때 보이는 나의 모습은 액티브하면서도 열정적이다. 신기한 일이
다. 그러니 직장에서의 발표는 이제 일도 아니다. 어떻게 이렇게 변
하게 되었을까.

사실 나 스스로 강연자로 활동하게 되리라고 생각도 못 했다. 워
낙 책을 많이 읽고 좋아했으니 나도 책을 쓰고 싶다는 생각은 있었
지만, 책을 낸 후 이것이 저자가 아닌 다른 길을 내게 열어주게 되
리라고는 기대하지 않았다. 이런 내가 변하게 된 계기는 수많은 책

을 읽고 영업과 회사 생활을 하면서 느낀 비즈니스 커뮤니케이션에 대한 노하우를 책으로 쓴 후부터였을 거다. 비즈니스 세계에서 유난히 잘 통하는 말이 있다는 것을 다른 사람들에게도 전하고 싶어 글을 썼고, 열의 있던 편집자를 만나 첫 책을 냈는데 이 책이 예상 외로 판매도 잘되고 이름까지 알려지면서 강연 요청이 '쇄도'하기 시작했다.

하지만 팀 주간업무보고 시간에 1분 남짓 얘기하는 것도 힘들어하는 내가 무슨 강연을 할까 하고 생각했다. 처음에는 계속 못 한다고 거절했다. 그러나 '내 인생의 첫 책'을 만들어준 편집자의 요청을 거절하는 게 미안해서 어쩔 수 없이 진행해보기로 했다. 냉엄한 비즈니스 세계에서 날고 기는 깐깐한 거래처도 상대했으니 강연회도 무사히 치를 수 있으리라 스스로를 격려하면서 말이다. 결과는? 대참패였다.

소수를 상대로 하는 커뮤니케이션과 다수를 상대로 하는 커뮤니케이션은 완전히 다르다. 시선을 어디에 둬야 할지, 마이크를 쥐지 않은 손은 무엇을 해야 하는지, 단상이 좋은지 청중과 가까이에서 말해야 좋은지, 온통 모르는 것 투성이었다. 마이크를 쥔 손은 덜덜덜 떨리고 있었다. 청중들은 '뭐라고 하나 보자'라며 매서운 눈초리로 나를 평가하는 것 같았다. 결국 나는 두 시간 예정이었던 강연을 50분 만에 마치고 질의응답 시간도 없이 종료했다. 이 사건은

'내 인생의 흑역사' 중 하나로 꼽힌다.

그 길로 바로 서점에 가서 책을 샀던 기억이 난다. 프레젠테이션, 발표, 파워포인트에 관한 책들을 종이 가방 두 개에 가득 넣어서 낑낑대며 집으로 가져오던 기억이 새롭다. 그렇게 새로운 변화를 위한 책 읽기를 시작했었다. 그 후로도 강연 요청이 계속되었는데 결론적으로 말하면 읽은 책이 쌓여가는 만큼 내 강연 실력도 점점 나아져갔다. 그 후 다른 사람들의 프레젠테이션도 유심히 살펴보게 되었고 그 과정에서 발표의 기술도 업그레이드할 수 있었다.

한 저자의 강연회가 기억난다. 광화문 교보문고에서 진행, 젊은 저자였는데 프레젠테이션에 대한 나의 기존 관념을 완전히 뒤엎는 내용이었다. 특히 인상에 남는 건 동영상을 이용해 한국과 미국의 대표적인 프레젠테이션을 비교하는 것이었다. 한국의 발표자는 "이번에 출시한 상품은 메모리가 얼마고, 음질이 어떠하며, 무슨 기능이 있고….." 하며 스펙을 나열하는 데 반해 미국의 발표자는 "이번에 출시한 상품은 작습니다. 너무 작아서 청바지에 달린 동전 포켓에도 들어갑니다. 크기는 줄었고 무게도 줄었습니다. 경쟁상품과 비교해보겠습니다. A사의 상품보다 30%가 가볍습니다. B사의 상품보다는 40%가 더 작습니다."라며 오로지 '작다'는 컨셉을 집요하게 물고 늘어졌는데 그 임팩트가 상당했다. 미국의 발표자는 아시다시피 세상을 떠난 스티브 잡스였다. 강연자는 이 두 사례를 비교하면서 프레젠테이션이란 어떤 것이어야 하는지 극명하게 알려주었다.

이제 나도 크리에이터

그때 참석했던 저자 강연회로 이것저것 나열하기만 하는 강연의 문제점을 깨닫게 되었다. 그 후로는 청중의 입장에서 강연이 어떻게 인식될 것인지 고민하게 되었다. 그리고 "이번 강연의 청중은 사원부터 사장님까지 다양하게 분포되어 있으니, 리더의 커뮤니케이션, 부하의 커뮤니케이션, 동료 간의 커뮤니케이션, 고객과의 커뮤니케이션에 대해 전부 얘기해주세요."라는 강연은 정중히 거절할 줄도 알게 되었다. 한두 시간 남짓의 시간에 이렇게 모든 얘기를 하면 죽도 밥도 안 되기 때문이다.

어쨌거나 그렇게 10여 년이 흘렀다. 지금은 10명이든 1,000명이든 얼마든지 자신 있게 강연을 진행할 수 있다. 그 중심에는 책이 있었다. 책, 그리고 그 책을 쓴 저자가 내게 새로운 길을 안내해줬다.

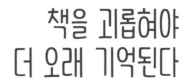

책을 괴롭혀야
더 오래 기억된다

"책? 찢어라!"

'독서경영'을 적극적으로 실천한다는 한 회사의 CEO 인터뷰에서 들은 얘기다. '책을 찢는다니?' 고개를 갸우뚱하는 사람도 있을 것이다. 하지만 나는 그의 말에 100퍼센트 동의한다.

책은 더럽힐수록 좋다. 사람의 마음에 상처를 주는 것은 나쁜 일이지만 책의 여기저기에 상처를 주는 건 칭찬할 일이다. 책은 참 괜찮은 친구다. 자신에게 물리적인 상처를 줄수록, 더 좋은 대가를 내게 주니 말이다. 괴롭힐수록 책은 내게 미소를 짓는다. 찢고 버려라. 줄을 긋고 낙서하고 표시하라. 그리고 꽂아라.

한 독서 모임에서의 일이다. 고전이라고 불리는《카라마조프가의 형제들》을 몇 주에 걸쳐 읽으면서 함께 토론하는 시간이었다. 이 책은 500여 페이지에 가까운 책으로 세 권이나 되는 방대한 분량이었다. 그때 옆자리에 있던 참석자가 내 책이 엉망으로 되어 있는 걸, 밑줄이 그어져 있고 형광펜으로 도배되어 있으며 아무데나 마구마구 접혀 있는 것을 보고 놀라워했다. 그 분은 내게 이렇게 물었다.

"그렇게 엉망으로 책을 보면 나중에 어떻게 팔아요?"

놀란 건 나였다.

귀퉁이를 접거나 밑줄을 긋거나

내가 책을 못살게 구는 방법은 대략 두 가지다. 첫 번째, 서서 읽을 땐 접는다. 지하철이나 버스 등에서 책을 읽다가 마음에 드는 부분이 있을 땐 책 위쪽 한 귀퉁이를 접어버린다. '정말 마음에 들 필요'까지도 없다. 웬만큼만 괜찮아도 용감하게 접는다. 애매할 때도 있다. 접는 쪽은 물론 뒷 페이지에도 좋은 내용이 있을 때다. 그래도 어쩔 수 없다. 다음에 볼 때 주의해서 접힌 부분을 읽을 수밖에.

두 번째, 앉을 수 있을 땐 줄을 긋고 칠한다. 지하철을 타고 있는데 마침 자리가 남아서 앉게 되는 '행운'이 오면 나는 바로 책을 꺼낸다. 그리고 볼펜을 꺼낸다. 볼펜은 가능하면 두꺼운 심으로 — 나의 경우 보통 사람들이 쓰는 0.5나 0.7이 아닌 1.0의 두꺼운 볼펜을 사용한다 — 준비한다. 눈에 확실히 들어오게 하기 위해 진하게 표기한다. 앉아서 책을 읽으며 접은 부분이나 읽다가 괜찮은 부분에 줄을 긋는다. 문장이 두세 줄 이상이 되면 줄을 긋는 것도 힘들다. 그래서 해당 부분의 옆 공란에 크게 체크를 해둔다.

멋진 문장이나 공감이 되는 문장도 체크를 하지만 특히 나에게 필요한 내용 중 그동안 몰랐던 새로운 사실, 지금 관심이 있는 문제에 해답을 주는 부분에 줄을 긋는다. 볼펜을 색깔별로 구분해서 밑줄을 긋는 사람도 있는데 그럴 필요도 없다. 개인적으로 볼펜으로 긋는 것만으로는 아쉽다는 생각이 들 만큼 감동을 주는 부분은 카페나 집에서 형광펜을 이용해 별도 표기를 한다.

이외에도 책을 조각조각 찢기도 한다. 책을 몇 달에 한번은 정리하는데(정리법은 이후에 다시 이야기를 하겠다) 전체적으로는 감흥이 없던 책이지만 일부만 좋다고 생각될 때는 찢어서 따로 보관하기도 한다. 그리고 그렇게 찢어진 부분은 필요할 때마다 찾아서 본다. 또는 감동적인 책의 낱장들은 늘 가방에 넣고 다니면서 꺼내보기도 한다. 내용을 잊을 만하면 그 낱장만 꺼내서 읽어보고 그때의 감흥을 다시 떠올린다. 결론은 이렇다.

"책을 악착같이 구매해라. 그리고 만신창이로 만들어라."

책을 접고 긋고 칠하는 것을 두려워하지 말라. 사람 나고 책 낳지, 책 나고 사람 난 게 아니다. 접고 긋고 칠하는 그 과정만으로도 당신의 독서력은 몇 배나 높아질 것이다.

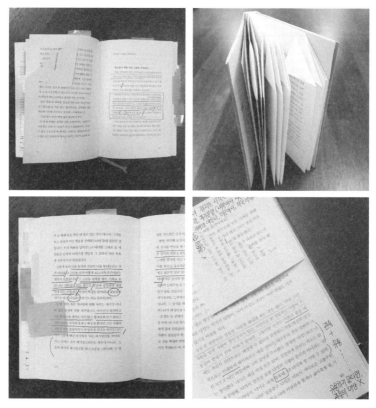

이런 식으로 책 귀퉁이를 접고, 밑줄을 긋고, 찢어서 내게 유용한 부분을 표시한다.

책을 찢고 붙이면 나만의 백과사전이 만들어진다

한 중년남성이 있다. 유명한 미래학자도 아닌 60대의 법조인이다. 그는 디지털 혁신과 미래에 대해 IT의 사례들을 중심으로 강연을 했고 이 모습이 동영상으로 확산되며 큰 화제를 낳았다. 4차 산업 혁명이 도래한 이 시대에 적지 않은 나이, 그것도 IT와는 전혀 무관한 분야에 근무하는 남성이 낯선 디지털 툴을 능숙하게 시연하는 모습은 많은 사람에게 충격을 주었다. 그는 도대체 어떻게 재판이라는 격무에 시달리면서도 IT를 전공하지 않은 IT 전문가가 되었을까. 그 해답은 '단권화'에 있었다.

"《HOW PC》,《PC 사랑》 같은 종이잡지 과월호 6개월 치가 모이면 광고를 빼버리고 제본선을 절단한 후 3,000쪽 분량을 500쪽으로 압축해요. 모르거나 2회독 이상 볼 기사만 추려서 페이지를 매기고 목차를 타이핑한 후 다시 제본하여 3~5회 이상 정독하는 식입니다. 이 방법이 IT와 컴퓨터 세계의 현황을 따라잡는 가장 최선의 방법이었습니다. 그걸 1년에 두 번씩, 15년을 계속하니 친구들이 아주 징글징글하다고 하더군요."

(출처 : 〈월간조선〉 2017년 5월호)

'○○ 분야'에 문외한이어도 그 분야의 전문가가 되는 방법을 우리는 찾았다. 정리해보자.

1) '○○ 분야' 월간잡지 두 종류를 6개월 동안 모은다.
2) 12권의 잡지를 쌓아두고 광고 등의 부분을 찢어버린다.
3) 자신이 모르거나 두 번 이상 볼 기사만 추린다.
4) 추린 페이지를 중심으로 목차를 타이핑한다.
5) 제본한 후 3~5회 정독한다.

'1년에 두 번씩, 15년을 계속 한다'도 잊지 말자. 나는 클래식 음악에 문외한이다. 그런데 지금부터 클래식 음악잡지를 매월 2권 구독한 후 위에서 정리한 것처럼 15년을 계속 공부한다면 어떻게 될까? 클래식 음악에 대한 24권의 잡지를 15년 계산하면 360권의 분량이 된다. 이 정도를 정리한다면 15년 후에 전문가가 되지 않는게 더 힘들지 않을까.

김수온이란 분이 계셨다. 조선의 3대 문장가로 손꼽히는 인물인데 출중했던 그의 문학적 소양은 바로 독서에서 시작되었다고 한다. 그의 독서 방법은 '책을 찢어 소매에 넣고 다니며 외우다가 외운 책은 가차 없이 버리는 것'이란다. 지금과 달리 예전에 책의 가치는 상당했을 텐데 그의 용기가 대단하다. 집현전 학자였던 신숙주와 그는 친구사이였다. 신숙주에게 귀한 책이 있다는 소식을 듣자 김수온이 그 책을 빌린다. 그런데 빌려간 책이 돌아오질 않자 신숙주가 김수온의 집을 찾아갔다. 그가 빌려 준 책이 여기저기 찢겨져 벽에 붙어 있는 것을 보고 신숙주가 화를 내자 김수온은 이렇게 말했단다.

"이렇게 하면 누워서도 책을 읽을 수 있고 앉거나 서서
도 책을 읽을 수 있지 않은가!"

(출처 : 〈중앙일보〉 2014년 9월 14일자)

다른 사람의 책을 함부로 훼손한 행위는 찬성할 수 없지만 '책, 그까짓 거 찢어서 보기 좋은 데 둔다'는 책 다루기 방법에 대해선 찬성이다.

대학에 다니면서 한참 공부에 재미를 붙이고 있을 때, 나 역시 책에 대해 앞에서 나온 두 분과 비슷한 '짓'을 한 적이 있다. '단권화 독서법'이 그것이다. 고등고시를 공부해본 사람이라면 이미 다 아는 방법이다. 그 방법은 앞에서 본 것과 크게 다르지 않다. 책 한 권을 정한다. 가능하면 시험이 끝날 때까지 갖고 있어야 하는 책이어야 한다. 요약 정리된 책보다는 기본적인 내용이 모두 포함된 두툼한 책이 적당하다.

이 책을 처음부터 끝까지 한 번 읽는다(이제 이 책을 '기본서'로 한다). 그 다음에 읽을 땐 다른 책을 한 권 더 사서 읽되, 두 번째 읽고(2회독) 있는 기본서에 없는 내용만 발췌하여 읽는다. 기본서에 없는 내용은 직접 펜으로 써서 적기도 하지만 그 양이 한두 페이지 정도로 많으면 오려서 기본서에 붙인다. 이렇게 기본서의 '회독수'(책을 읽는 횟수)를 높이면서 추가로 읽고 정리하면 해당 주제에 대해 빠삭해진다. 무엇보다 내게 꼭 맞는 하나의 기본서가 만들어진다. 나를 전문가로 만들어줄 만큼 강력한 참고서 말이다.

한창 '인간관계'에 빠져 있을 때 제본까지 하며 만들었던 나만의 참고서.

책 읽기는 만남,
기억하고 추억하자

'로쟈'라는 필명으로 잘 알려진 서평가 이현우 씨는 자신의 책《아주 사적(私的)인 독서》에서 '철저하게 자기 자신을 위한 독서'를 권했다. 자신의 관심과 열망 그리고 성찰을 위한 독서를 통해 책과 자신 사이의 사적이고 은밀한 관계를 만드는 것이 중요하다고 그는 말한다. 영화평론가 이동진 씨도《이동진 독서법》에서 '독서에서 신비로운 순간은 책을 읽을 때 책과 나 사이 어딘가에 있는 황홀한 경험'이라고 하면서 사적인 독서의 즐거움을 언급한다. 두 분의 말씀에 100퍼센트 공감한다. 나 역시 독서는 지극히 나를 위한 행위이며 책과 나 사이에는 은밀한 관계, 즉 사적인 관계가 형성되어야 한다고 생각한다.

　독서를 관계 형성이라고 생각해보면 이 관계를 돈독하게 지속해
나가기 위해서는 나름의 노력이 필요하다. 실제 사람과의 교제에
서도 상대에 대한 관심을 표하고 상대에 대한 정보를 알고 소통하
려는 노력이 필요한 것처럼 말이다.

책과의 만남을 추억하자

책과의 관계를 돈독하게 지속해나가기 위해 나는 적극적으로 기록
한다. 우선 예정된 약속을 스케줄러에 적듯 내가 읽을 책을 기록한
다. 서평을 보다가 읽고 싶은 책을 발견했을 때, 업무 중 궁금한 게
생겨서 도움 받을 책을 검색했을 때 등 그때그때 메모한다. 정말로
스케줄러에 적는 건 아니고 잊어버리지 않도록 기록하는 선에서만
메모한다. 즐겨 사용하는 방법은 나 자신에게 메시지를 보내는 것
이다. 책도 사람과의 만남처럼 직접 대면하지 않고는 그 진심을 알
수가 없다. 그래서 책을 읽기 전에는 책 제목과 그 책을 왜 읽고자
하는지 아주 간단하게만 적는다.

　책을 읽고 나서는? 보통은 줄을 치게 된 부분, 인상적이었던 부

분을 사진으로 찍고 간단한 코멘트를 덧붙인 후 페이스북에 올린다. 페이스북을 이용하는 이유는 순전히 내가 편하게 생각하는 플랫폼이기 때문이다. 블로그나 인스타그램 등 다른 채널을 사용해도 무방하다. 강연이나 집필에 도움을 얻고자 읽은 책은 보다 깊이 있는 기록이 필요하기 때문에 에버노트라는 애플리케이션을 이용한다.

페이스북에 올리는 책에 관한 이야기는 내 일상의 어느 순간을 남기기 위한 목적으로 사용하고 있다. 가끔 내가 올린 예전 게시물을 쭈욱 훑어보기도 하는데 예전에 읽었던 책의 한 부분과 키워드를 보면서 '아, 그때 이런 마음이었지' 하는 생각에 잠기기도 한다. 책의 감상을 페이스북에 올리는 건 내게 일종의 '추억 남기기'다.

남에게 보여주기 위한 기록

특히 페이스북에 기록하는 일은 독서를 생활로 만들겠다는 나름의 의지로 시작한 일이었다. 아내가 우스갯소리로 진정 살 빼고 싶다면 주변 사람들에게 자신이 다이어트하고 있다는 것을 알려야 한다는 이야기를 한 적이 있는데, 그것과 같은 맥락이었다. 독서를 하고 있다는 것을 주변 사람들에게 알렸다. 누군가로부터 '너는 책을 좋아하는 사람'이라는 말을 듣게 되면, 그것이 책을 읽게 만드는 동기가 되기도 했다. 일종의 인정욕구를 자신에게 적용하여 강제 독서를 실시했다.

친구와의 약속을 기다리다가, 잠깐 짬이 난 점심시간에, 여행 중 숙소에서 책을 꺼내 읽는 일이 남세스러울 때가 있었다. 그런데 지금은 언제 어디가 되든 내가 책을 꺼내 읽으면 주변 사람들이 당연하게 여긴다. 김범준은 항상 책을 읽는 놈이 되었기 때문이다. 당신도 출근길 지하철에서든 친구를 기다리던 카페에서든 친구와 함께하는 여행에서든 책을 읽는 모습이 어색하지 않고 나아가 자랑스럽게 여겨지길 바란다.

게다가 종종 주변 사람들의 피드백도 얻을 수 있는데, 그저 서로의 안부를 묻는 게 아니라 책을 소재로 이야기도 나눌 수 있어 오랜 친구와의 관계를 이어가는 데도, 새로운 관점을 얻는 데도 도움이 된다.

페이스북에 독후감을 올리는 일은 내게는 내 삶을 자랑하는 방식이다. SNS에서 쇼핑 목록이나 여행 사진을 올리는 사람을 나는 자신의 일상을 자랑하는 거라고 생각하는 데 그것과 같다. 나는 자신을 책 읽는 사람으로 나름의 과시를 한다. 그리고 이게 독서를 지속하는 나름의 활력소가 되어준다.

인상 깊었던 부분을 사진으로 찍고 간단한 감상평과 함께 기록한다.

저자의 목소리로 직접 들으면
마음에 오래 남는다

책을 읽다 보면 '느낌이 팍' 오는 저자가 있다. 책의 내용이 나에게 딱 맞아서 함께 대화를 나누고 싶고, 저자의 파란만장한 성장기가 마음을 울려 함께 이야기를 하고 싶기도 하다. 내가 더욱 성장하기 위해서 도움을 받고 싶은 마음도 든다. 이럴 땐 어떻게 해야 할까. 나는 저자에게 이메일을 보낸다.

최근의 책들을 보면 저자 소개 부분에 자신의 이메일이나 카카오스토리 혹은 페이스북 등을 함께 적어두는 경우가 많다. 책이란 하나의 주제에 대해 A4 용지 100매 이상을 저자의 관점에서 이야기한 원고이다. 그래서 저자가 생각하는 '있는 말, 없는 말'을 모두 쓰게 된다. 그럼에도 불구하고 저자들이 자신의 이메일이나 블로그 주소를 굳이 책에 적는 이유가 있다. 우리가 저자들과 소통하고 싶은 것 이상으로, 저자들도 독자와 소통하고 싶은 마음이 있기 때문이다.

물론 100만 부 이상의 베스트셀러 저자에게는 이메일을 보내봤자 답장조차 받기 어려울 것이다. 하지만 책을 많이 내지 않은 저자라면 이메일을 통해 소통을 시도해보는 것도 괜찮다. 내가 국내 저자를 좋아하는 이유 중 하나도 바로 이렇게 저자와 직접 소통이 가능하기 때문이다. 나이도 있고 여전히 낯을 가리는 성격 때문에 저자에게 만나자고 말은 못 하지만 당신의 책을 잘 읽었다는 이메일 등을 보내기도 한다. 그리고 답장을 받으면? 왠지 연예인에게 메일을 받은 느낌이 든다.

책의 감동을 더 느끼고 다른 책으로 넘어가기 위한 좋은 방법 중 하나가 바로 저자와의 소통이다. 저자에게 이메일 보내기 혹은 저자의 블로그나 페이스북을 찾아가 소감을 남기는 것도 좋은 방법이다. 혹시 아는가? 그가 당신의 멘토가 되어줄지도 모를 일이다.

여기서 잠깐. 저자에게 이메일을 보내는 방법에 대해 팁 하나를 주고자 한다. 저자에게 물어보고 싶은 말이 있을 땐 당신의 기분 → 당신의 행동 → 당신의 결과 순으로 저자와 소통하라. 이때 책에서 좋았던 점을 언급하면 된다. 책에서 아쉬운 점, 이해가 안 되는 점에 대해 구구절절 얘기할 필요가 없다. 단계별로 정리하면 다음과 같은 분위기로 이메일을 쓰면 좋다.

1) 책을 읽고 느낀 당신의 기분을 이야기한다.
2) 책을 읽고 난 후 당신의 달라진 행동을 이야기한다.
3) 책을 읽고 난 후 변화된 결과를 이야기한다.

아직 모호할 테니 내가 어떤 저자에게 보낸 메일 하나를 공유하고자 한다.

"작가님의 책을 읽었습니다. 제가 평소에 짜증을 내고 괴로워했던 부분에 대해 작가님도 힘들어 하셨다는 것을 알게 되었습니다. 그리고 나만 그런 것이 아니었구나 하는 생각에 안도가 되었습니다. 이제 작가님이 제시한 ○○○는 실행에 옮겨야지 하고 다짐했습니다. 미래에 꼭 변한 모습으로 인사드리겠습니다. 감사합니다."

저자에게 메일을 보내는 방법보다 더욱 추천하는 방법은 직접 저자를 만나는 일이다. 저자에게 연락해서 일대일로 만나라는 말이 아니다. 그럴 힘과 시간, 배짱이 있으면 직접 만나는 것도 추천한다. 하지만 그보다 현실 가능성이 큰 저자 강연회를 찾아다닐 것을 강력 추천한다. 특히 서울에 살고 있다면, 강남과 강북의 서점 근처에서 회사를 다니거나 살고 있다면 더더욱 그러하다. 서점에서 하는 강연회나 출판사에서 개최하는 강연회를 찾아서(검색하면 수도 없이 나온다) 참석해보자.

강연은 무료인 경우도 있고 유료 강연도 있다. 나는 강연이 무료인 경우 시간만 맞으면 악착같이 참석한다. 유료인 경우여도 1~2만원 내외인 경우에는 가능한 한 참석한다. 물론 유료인 경우에는 더 신중하게 참석 여부를 결정한다. 단 이때는 어쩔 수 없이 '복불복'인 경우도 있음을 미리 각오해야 한다. 열 번 참석을 해보면 두세 번은 정말 버스비가 아까운 강연도 있다. 그래도 그것이 어딘가. 열 번 중에 일곱 번만 괜찮은 강연이어도 7할 아닌가. 프로야구로 따지면 7할 타자다. 그 정도의 확률이면 강연에 참석한 자신의 선택에 아낌없는 박수를 보내도 된다.

오프라인 강연에 참석해보고 또 그 강연이 마음에 들면 나는 책도 구입한다. 사인도 받고 기념사진도 같이 찍고 그것을 자랑스레 나의 페이스북에 올린다. 그런 날은 내가 한뼘이라도 성장한 것 같은 생각이 들어 마음이 뿌듯하다. 집에 와서 그 책을 책장에 꽂아두고 생각이 날 때마다 읽고 도움을 받는다. 그렇게 그 책은 나의 스승이 되어준다. 어떤 사람으로 살 것인가에 대한 답을 주기도 한다. 이런 노력들이 분야별로 모인다면? 그렇다. 세상을 살아가는 나만의 방법론이 완성된다. 성장하는 나를 위한 베이스캠프를 구축하게 된 셈이다.

지금 자신이 어디에 있는지 알고 싶다면, 미래에 어느 방향으로 가고 싶은지 궁금하다면 나보다 앞서서 나름대로의 노하우를 정리한 저자를 만나보라. 그 노하우가 약간 부족하다고 해도 실망하지 말자. '약간의 이익마저 얻지 못할 만큼 나쁜 책은 없다'는 말도 있지 않은가. 저자의 강연이 부족하면 부족한대로 또 다른 깨달음을 확인하는 기회라고 긍정적으로 생각하면 된다. 책을 읽고 저자와 이야기를 나누며 자신의 생각을 정리하는 과정을 살펴보면 독서야말로 지혜를 성장시키는 종합예술이라는 생각이 든다.

독서 메모가 쌓이면
새로운 콘텐츠가
만들어진다

책을 읽었다고 해도 기억이 잘 안 난다고 하는 사람이 많다. 당연하다. 우리의 '뇌'는 생각보다 그리 대단하지 않다. 기억을 도와줄 도구가 필요한데 그것이 바로 메모다.

책의 기본 정보와 읽었던 감상, 깨달았던 점들은 간단한 메모로 정리하는 것이 좋다. 이런 메모들은 차곡차곡 쌓여 언제든 내가 필요할 때 '지혜'를 찾게 해주는 나만의 백과사전이 되어준다. 주로 나는 '에버노트'라는 애플리케이션을 이용하는데 목표에 따라 조금씩 다른 메모법을 사용한다.

기억을 위한 메모

평소에는 귀퉁이를 접고 밑줄을 그으면서 책을 읽는다. 목표 관여도가 높다고 생각되는 책들은 접고 그은 부분을 따로 기록해놓는다. 그렇다고 일일이 타자를 치거나 펜으로 적는 것이 아니다. 에버노트 애플리케이션의 사진 기능을 활용한다. 내가 접고 그은 부분을 사진으로 찍어 기록한다. 그러나 무작정 찍기만 하면 안 되고, 제목에 키워드가 되는 단어를 같이 적는다. 이렇게 사진을 찍어 메모하는 일은 길어야 20초 이내라 부담 없고 간편하다. 단순하게 기록하고 싶을 때는 이렇게 찍은 사진을 앞에서 얘기한 것처럼 페이스북에 게시한다. 기본 정보와 간단한 감상과 함께 말이다.

창조를 위한 메모

책은 강연자, 저자로 활동하는 데도 좋은 재료가 되어준다. 특히 강연을 할 때는 대상이 주부냐 직장인이냐에 따라 이야기가 완전히 달라진다. 매번 조금씩 다른 주제, 다른 대상을 상대로 강연을 준비해야 하고 재료가 많이 필요하다. 이처럼 '나의 콘텐츠'를 만들어야 할 때도 독서 메모는 큰 도움이 된다. 읽었던 것을 단순하게 기억할 때는 접고 긋고 찍는 메모법을 사용한다면 이번에는 다른 메모법이 필요하다.

만약 '중학교 자녀를 둔 어머니들을 위한 대화법'을 주제로 강연을 요청받았다고 해보자. 강연을 준비하면서 나는 반드시 독서 메모를 찾아본다. 평소 커뮤니케이션과 화술에 관한 책을 많이 읽기 때문에 기본적으로 저장된 독서 메모가 많은데 그곳에서 이야깃거리나 아이디어 등을 찾는다. 그러면 우선 에버노트에서 '대화'라는 키워드를 쳐서 관련 독서 메모를 찾는다. 메모가 너무 많이 검색되면 '부모' 또는 '자녀'라는 세부 키워드로 검색해서 관련 메모를 좁혀 찾아간다. 결국 새로운 콘텐츠를 만들기 위한 독서 메모는 쉽게 찾아서 바로 사용할 수 있게 정리하는 데 중점을 둔다.

이 역시 방법은 간단하다. 앞서 사진찍기 메모를 할 때 제목에 키워드가 되는 단어를 같이 적는다고 했는데 키워드 적기 즉, 해시태그 기능을 이용한다. 책뿐 아니라 신문이나 잡지, 인터넷을 보다가 불현듯 도움이 되겠다 싶은 내용은 사진을 찍거나 캡처를 해서 관련 해시태그를 여러 개 입력한 후 에버노트에 저장한다. 그러면 필요할 때마다 관련 키워드를 손쉽게 검색할 수 있고 키워드 관련 내용을 한꺼번에 모아 볼 수 있다. 당장 사용하지 않는 메모라고 해도 의미 있는 내용이라고 생각하고 메모해두면 원고를 쓸 때, 강연을 준비할 때 뜻밖의 재료가 되는 경우가 상당히 많다.

제6장

나는 매일
이렇게
읽었다

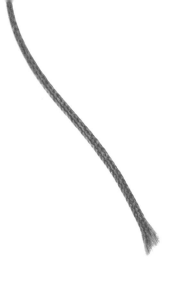

손이 닿는 어디든
책을 둔다

자신을 변화시키기 위해 책이라는 도구를 선택하기로 마음먹었다면 이제 자신의 시간과 공간을 책으로 채워야 한다. 이건 너무나 중요한 것이라 몇 번을 말해도 부족하지 않다. 그냥 책을 인테리어라고 생각하고 모아라. 책 때문에 먼지가 생기고, 책벌레를 보게 된다고 누군가 협박해도 그냥 그러려니 하고 귀담아듣지 말기 바란다. 솔직히 책먼지, 책벌레 때문에 건강이 안 좋아졌다는 사람을 아직 나는 보지 못했다. 그 증거는 바로 나다. 수십 년을 책에 파묻혀 지냈지만 여전히 멀쩡하게 호흡하고 책벌레 때문에 알레르기가 생긴 일도 없다.

책이 당신의 일상을 지배하길 바란다. 다른 건 몰라도 나는 책이 내 시간을 사용하려고 하면 흔쾌히 허락한다. 게다가 책은 저렴한 가격으로 다양한 디자인을 가능하게 해주는 훌륭한 가구다. 방에 책을 촘촘히 꽂아놓고 그 제목만 봐도 훌륭한 독서가 되기도 한다.

환경을 세팅하라

지금 나는 우리 집의 거실에 앉아 원고를 쓰고 있다. 우리 집 거실엔 TV가 없다. TV가 있어야 할 자리에 60센티미터 × 40센티미터가 한 칸으로 4열로 짜인 책장이 여섯 개가 있다. 보고만 있어도 흐뭇하다. 알록달록 책들의 색깔이 자연스럽게 조화를 이룬다. 책으로 둘러싸인, 책과 가까이할 수 있는 환경은 어쩌면 독서 그 자체보다 중요할 수도 있다. 언제 어느 구석에 있어도 책을 볼 수밖에 없게 주변을 세팅해놓으면 책과 친해질 수 있다. 독서를 할 생각이 없다가도 어쩌다가 눈에 띈 책 제목에 끌려 책을 집게 되는 경우도 많다.

개인적으론 '딴짓의 가능성'을 최대한 줄이기 위해 노력했다. 책을 읽기로 결심했고, 나를 발전시키겠다고 생각했으니 그렇지 않은 것들은 가능한 멀리하는 것이 좋다고 생각했다. 남학생들은 온라인 게임 때문에 학업 성적이 여학생들보다 뒤처진다는 뉴스가 있었다. 어른도 마찬가지다. 거실에 무심히 걸려 있는 TV 때문에 지금도 어디선가 책을 통해 교양을 축적하고 있는 사람들에게 당신은 뒤처지고 있다. 내 인생에 최선을 다하고 싶다면, 내 삶을 더 좋은 방향으로 이끌고 싶다면 책과 늘 가까이 할 수 있는 환경을 조성해야 한다.

우리 집은 마치 도서관처럼 책으로 둘러싸여 있다. 그리고 그 작업은 오늘도 계속되고 있다. 당신도 오늘부터 이 작업을 실천했으면 좋겠다. 작지만 당신만의 서재를 만들고 빈약해도 당신만의 책 목록을 만들면서 당신만의 작은 도서관을 만들어보라. 그 작업을 계속하다 보면 자연스레 당신의 일상에 책이 늘 함께하게 될 것이다.

출퇴근길에는 스마트폰 금지

'18분은 어느 정도의 시간일까?'

'18분을 의미 있는 시간으로 만들 수 있는 방법이 없을까?'

나는 지하철을 타고 출퇴근한다. 회사가 서울역에 있을 때는 집에서 지하철을 타고 사당역에서 환승했다. 사당역에서 서울역까지 걸리는 시간 18분이다. 이 시간에 대한 활용을 고민하다 책을 읽기로 했다.

집을 나설 때는 일단 손에 책을

얼마 안 되는 시간이기에 대부분의 사람들은 스마트폰을 만지작거린다. 하지만 내겐 책을 읽기 가장 좋은 시간이었다. 사실 출퇴근길에 책을 읽겠다고 결심해도 막상 지하철에 올라타면 책보다 스마트폰을 보게 되는 경우가 많았다. 일단 스마트폰을 보기 시작하면 다시 끄는 건 정말 어려웠다. 집을 나서 사무실의 자리에 앉는 그 순간까지 스마트폰을 보며 시시껄렁한 연예뉴스에 시시덕대는 날도 많았다. 책을 매일 예전과는 다르게 읽기로 결심한 후에도 고작 18분이니까 괜찮겠다고 생각하면서 스마트폰을 들여다봤다. 그런데 출근길 '잠깐'이 점심시간, 퇴근길, 집에서 쉬는 시간까지 스마트폰을 들여다보게 만들었다. 그러던 어느 날, 문득 가방에 꽤 오랫동안 같은 책을 가방에 두고 다녔다는 것을 떠올리자 이게 뭐하는 짓인가 싶었다. 갑자기 책을 읽겠다고 다짐한다고 해서 독서가 습관이 되는 건 아니었다. 그래서 나름 고안해낸 방법이 다음과 같은 방법이었다.

집을 나설 때 스마트폰은 가방 안에 넣어둔다. 손에는 책을 든다. 집을 나서는 그 순간 무엇을 손에 붙잡고 있느냐에 따라 내 출퇴근 시간은 무의미한 시간과 유의미한 시간, 그중 하나로 결정된다. 스마트폰은 가능하면 만지지 않도록 세팅하는 게 중요하다. 스마트폰을 가방에 넣게 되면 갑자기 할 일이 없어진다. 오래전엔 지하철 입구에서 무가지를 배포해서 그땐 그걸 보면 됐는데 이젠 그런 것도 없으니 멍하게 있어야 한다. 하지만 이제 우리는 손에 책을 들고 있다. 읽겠다는 생각보다는 그저 무슨 내용이 있나, 하는 정도로 책을 훑어보는 것만으로도 충분히 독서 습관이 형성된다.

18분 독서법

하루 18분으로 독서 습관을 만드는 것은 힘들다고 하는 사람이 있을 수 있다. 전혀 그렇지 않다. 아침의 시작을 책과 함께하면 하루 전체가 나도 모르는 새 충만해진다. 오히려 아침에 최소한 한 시간 이상 독서하겠다고 마음먹은 순간 독서는 그 시작 자체가 부담스러워진다. 여유를 갖고 편하게 하루의 독서를 시작하라. 책을 읽는 게 힘들면 책 표지 구경만으로도 충분하다. 저자 프로필을 보며 그는 어떻게 자신을 성장시켜 왔는지 보는 것도 도움이 된다. 목차를 일별하며 내게 부족한 부분, 내가 이미 알고 있지만 궁금한 부분을 찾아내는 것만으로도 가치가 있다. 그러다 문득 본문 한두 페이지를 읽게 된다면? 그렇다, 당신은 이미 독서가의 길로 접어들었다고 나는 생각한다.

　중요한 것은 스마트폰을 손에 쥐고 현관문을 나서지 않는 일이다. 딱 이것만 지켜도 독서 습관을 형성에 절반 이상 성공했다고 분명히 말할 수 있다. 책을 통해 꿈을 꾸고 싶다면, 책이라는 충직한 친구를 만들고 싶다면 아침의 시작을 스마트폰과 이별하는 것으로 시작해야 한다. 나 역시 매일 아침 스마트폰과의 싸움에서 지지 않으려고 노력한다. 예전엔 화장실에서 소변을 보면서도, 지하철 계단을 오르면서도, 식당에서 순두부찌개를 시킨 뒤 기다리면서도, 가족들과 주말 외식을 위해 훈제오리구이를 주문해놓고서도 스마트폰으로 검색하고 있었던 사람이 나였다. 지금은? 스마트폰 잠금 바탕화면에 '책'이라는 글자를 올려놓았다. 그 글자를 보고 카톡이나 밴드, 혹은 모바일 포털 사이트 등을 보고 싶은 걸 참아낸다. 그러나 이제 나는 참는다고 생각하지 않는다. 아예 스마트폰 대신에 책을 손에 들고 있으니까.

청춘열차를 타고 떠나는 독서 여행

당신은 좋아하는 기차가 있는가. 나는 기차 중에 '청춘열차'를 좋아한다. 청춘열차? 잘 모르는 분도 있을 거다. 이 기차는 청량리(혹은 용산)와 춘천을 한 시간 남짓 달리는 '도시 간 급행열차'(Inter-city Train eXpress)다. 이 기차, 마음에 든다. 약간 가격이 비싸긴 하지만 깨끗한 실내에 알맞게 빠른 속도 그리고 편안한 승차감은 가벼운 나들이에 제격이다.

일찍 퇴근하는 날에 나는 이 청춘열차를 탄다. 남춘천역까지 갔다가 집으로 돌아온다. 왕복 교통비(편도 7,200원 × 2 = 14,400원)에 기차역 자판기 커피 한 잔 값, 조금 사치를 부려서 남춘천역에 내려 맛

보는 춘천막국수 한 그릇, 이 모든 것이 2만 원 내외로 가능하다. 이 것은 혼자만의 여행이며 나를 위로하는 여행이다. 나를 격려하는 초단기 여행이기에 또 다른 선물도 준비한다. 바로 책이다.

이 여행은 춘천에서 무엇을 하는 것이 아니라 춘천을 '오가는 동안' 맘껏 책을 읽는 여행이다. 기차에 오르면 이어폰을 귀에 꽂고 잔잔한 음악을 튼다. 그러면 산만했던 주위가 조용해진다. 기차가 움직이기 시작하면 이때부터 나는 책을 펴고 읽기 시작한다. 창밖 풍경을 배경삼아 책을 읽는 건 나를 위한 또 하나의 사치다.

책 한 권 읽는 시간으로, 또 책 한 권을 읽을 만한 장소로 이 청춘열차보다 더 괜찮은 곳을 나는 아직 발견하지 못했다. 이 열차를 나는 '움직이는 나만의 책 감옥'이라고 이름을 붙였다. 감옥은 감옥이지만 내가 만든 감옥, 나를 위한 감옥이다. 내게 진정한 자유를 주는 감옥. 어떤가. 괜찮지 않은가. 당신에게도 한번은 스스로 책 감옥에 올라타보라고 권하고 싶다.

이와 비슷한 열차가 또 있다. 서울역과 인천국제공항역을 연결하는 공항철도가 그것이다. 인천공항을 오가는 열차 안에서 지는 석양을 배경으로 나는 독서를 한다. 인천국제공항에 도착하면 늘 가는 식당에서 청국장 한 그릇을 먹고 출국장 게이트 앞의 의자에 앉는다. 그리곤 어디론가 출발하는 사람들을 바라보며 책을 읽는다. 신기하게도 내게는 이곳이 책이 잘 읽히는 장소다. 생각해보면 오롯이 혼자서 책에 집중할 수 있는 장소는 수없이 많다. 언젠가는 퇴근길 7호선 내방역의 승강장에 앉아 한 시간이 넘도록 책을 읽는데 그렇게 집중이 잘될 수가 없었다. 우연히 들어간 카페에서 콜드브루 커피 한 잔과 궁합이 잘 맞았던 시집 한 권의 추억도 있다. 5성급 호텔 로비의 카페에서, 야경이 황홀한 스카이라운지에서, 묵직한 분위기의 칵테일바에서 독서를 하던 시간들도 기억에 생생하다.

수없이 많은 장소에서 나는 책을 읽어왔다. 그 순간들을 돌이켜 보면 조용하고, 쾌적하며, 아무도 방해하지 않는 그런 장소가 아니었다. 미치도록 기쁜 일이 생겼을 때 내가 너무 흥분하지 않도록 해주고 절망해 모든 것이 끝났다고 느꼈을 때 나를 격려해준 독서의 공간은 지하철 승강장이었고, 흔들리는 시내버스 좌석이었으며, 가만히 누군가를 기다렸던, 사람들이 바쁘게 지나다니는 빌딩의 로비 한 구석이었다. 그곳에서 몇 분 혹은 몇 시간 읽어 내려간 책들은 나를 안정시켰고 응원했으며 토닥였다.

당신만의 독서 장소를 찾길 바란다. 고정된 장소를 찾으려고 애쓰기보다는 일상에서 스쳐지나가는 모든 공간을 독서의 장소로 만들었으면 좋겠다. 혼란스러운 일상에서 벗어나고 싶을 때 오로지 나만을 위해 독서를 할 수 있는 멋진 공간을 찾으시길.

틈날 때마다
'아메리카노' 독서

나는 하루에 꼭 한 번, 카페에 간다. 주로 퇴근길에 집 근처 카페에 간다. 바로 책을 읽기 위해서다. 무더운 날에는 시원한 커피를, 쌀쌀한 날에는 따뜻한 차를 마시면서 분위기 있게 책을 읽는 것도 좋지만 지난한 일들에서 벗어나 혼자 조용히 있을 수 있다는 점에서 선호한다. 내 생각에 카페는 독서를 위한 최고의 장소다. 읽기만 그런가. 쓰기도 마찬가지다. 소설가 정이현 작가는 베스트셀러 소설 《달콤한 나의 도시》 원고를 작업실이 아닌 작업실 인근의 카페에서 썼다고 했다.

집중을 도와주는 소음

나 그리고 정이현 작가가 카페를 찾는 이유를 굳이 들자면 백색소음 때문이 아닐까 싶다. '백색소음'(white noise)이란 세탁기 돌아가는 소리, 진공청소기 소리 혹은 파도소리나 빗소리처럼 일정한 패턴을 갖고 반복되는 넓은 주파수의 소음이다. 이 소리는 의미 없는 소음이기 때문에 내가 현재 하는 일을 방해하지 않는다. 카페에서는 웅성대는 소리, 잔잔한 음악 소리, 이따금 들리는 바람 소리 등이 쉽게 들린다. 그런데 이런 소리들은 오히려 집중력 향상을 도와준다고 한다. 다소 시끄러운 공간에서 집중이 더 잘되는 아이러니한 현상 때문에 백색소음을 누군가는 '약이 되는 소음'이라고 말한다.

　나 역시 독서할 때 백색소음이 도움이 되는 걸 느낀다. 언젠가 집에 혼자 있었다. 아내는 마트에 가고 아이들은 놀러나갔다. 마침 미세먼지가 심한 날이어서 창문을 모두 닫아서 외부 소음이 하나도 없었다. 마침 읽어야 할 책이 있었다. 그런데 글자가 눈에 잘 들어오질 않았다. 잠만 왔다. 딴생각만 났다. 갑갑한 마음에 창문을 열었다. 바깥에서 나는 버스 소리, 사람 소리가 들리니 책이 더 잘 읽혔다. 절간 같이 조용한 집에서는 오히려 적막감과 잡생각으로 힘든 씨름을 해야 했다.

내 시간을 사자

평소 나는 책을 읽는 장소를 가리지 않는다. 놀이공원 매표소 앞에서도, 버스 정류장 의자에서도, 심지어는 찜질방에서도 책을 읽는다. 하지만 가끔은 책 읽는 장소를 가려야 하는 경우도 생긴다. 나는 지금 대학원에 다니고 있다. 과제를 하기 위해선 두꺼운 전공서적을 100여 페이지 이상 읽어야 하는 경우가 많다. 그럴 때 나는 카페를 이용한다. 이때는 노트북도 사용해야 해서 어쩔 수가 없다. 하지만 이때도 나만의 집중적인 책 읽기 방법이 있다. 여기에서 몇 가지만 공유하겠다.

우선, 한 카페에 오래 머물며 책을 읽지 않는다. 이건 나의 집중력과도 관계가 있다. 아무리 책이 재미있어도 한 시간 정도로만 그 카페에서 책을 읽는다. 한 시간에 100여 페이지를 읽기란 거의 불가능하다. 그 다음엔 어떻게 할까. 나는 다른 카페로 간다.

처음 책을 읽은 곳이 카페라면 다음 장소로 주스전문점을 택하기도 한다. 그곳에 가서 또 한 시간 남짓 책을 읽는다. 그렇게 시간이 흐르면 다시 집중력이 점차 약해진다. 이때다. 또다시 자리를 옮긴다. 이번엔 다시 카페로 옮기되 커피, 주스가 아닌 라테 등을 주문해 책을 읽는다.

'그깟 책 100여 페이지 읽으려고 카페를 세 곳이나 전전하다니, 그렇게 쓴 돈이 도대체 얼마냐'면서 나를 힐책하는 분도 있을지 모르겠다. 그럼 나는 이렇게 대답하겠다.

"나의 성장을 위한 독서에 만 몇천 원 사용했다. 그런데 그걸 아깝다고 한다면 그건 사랑하는 나 자신에 대한 예의가 아니다."

카페를 활용해 책을 읽다 보면 한 시간이 금방 간다. 그리고 생각보다 집중력도 높아 책 내용도 기억에 잘 남는다. 카페에서 쓴 비용이 그리도 아깝다면 소중한 내 시간을 내가 돈 주고 샀다고 쿨하게 생각하면 된다. 세상 그 무엇보다도 소중한 시간을 알뜰하게 사용하는 데 돈을 썼는데 뭐가 아까운가. 자기 자신에게 그 정도는 투자해도 된다.

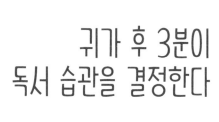

귀가 후 3분이
독서 습관을 결정한다

퇴근해서 집으로 돌아가면 당신이 가장 먼저 하는 일은 무엇인가? 혹시 TV를 켜는가? 노트북을 여는가? 스마트폰의 잠금패턴을 해제하는가? 이제 다음의 루틴을 당신의 생활에 반영하기를 바란다.

아내가 있는가? 아내의 눈을 보라. 그리고 책을 펴라.
아이가 있는가? 아이의 눈을 보라. 그리고 책을 펴라.

집에 들어가서 스마트폰을 만지는 순간, TV를 켜는 순간, 노트북을 부팅하는 순간, 충분했던 나의 시간은 사라진다. 우리는 늘 이렇게 말한다. "일이 너무 바빠서 밥 먹을 시간도 없다. 밥 먹을 시간도 없는데 책 읽을 시간이 어디 있는가?" 거짓말이다. 생각해보라. 집에 들어가면 당신은 스마트폰부터 충전하지 않는가? 씻고 나오면 스마트폰부터 보지 않는가? 밥 먹는 식탁에서도 스마트폰이 항상 당신 옆에 있지 않은가? 스마트폰은 독서라는 당신의 항해를 방해하는 세이렌이다. 세이렌은 그리스 신화에 나오는 마녀의 이름으로 신체의 반은 새이고 반은 사람이다. 세이렌은 아름다운 노랫소리로 뱃사람들을 유혹해 배를 난파시켰다는 마녀의 이름이다.

독서 습관을 기르는 일은 스마트폰과의 전쟁이라고 할 수 있다. 우리가 생각하는 것보다 훨씬 많은 하루의 시간들을 우리는 스마트폰에 종속되어 보내고 있다. 사실 우리에겐 충분한 시간이 있다. 24시간은 매일 우리에게 공평하게 주어진다. 하지만 우리는 스마트폰에게 우리의 시간을 아낌없이 갖다 바친다. 스마트폰을 보는 시간만 줄여도 독서 시간을 차고 넘칠 정도로 확보할 수 있다. 아이와 대화할 시간이 없다고, 아내와 맥주 한 잔 마실 시간도 없다고 거짓말하기 전에 하루에 당신이 스마트폰을 보며 보내는 시간들을 확인해보라.

시간 도둑으로부터 나를 지키기 위해서는

앞서 출퇴근길 독서법과 맥락이 비슷한 방법을 나는 여기서도 차용한다. 나는 집에 들어가면 씻기도 전에 우선 3분 동안 책을 읽는다. 그 후에 씻는다. 그리고 밥을 먹는다. '3분 책 읽기.' 사실 이 정도로는 두세 페이지를 읽기도 쉽지 않다. 읽기를 시작해놓고 바로 책을 덮는 것과 같다. 이게 포인트다. '저기 나 할 말 있는데, … 아, 아니야'라고 하는 사람의 말이 궁금한 것처럼 다 읽지 못한 책 내용이 궁금해서 밥을 먹고 난 후, 씻고 난 후에 나는 다시 책을 찾는다. 집에 들어가자마자 스마트폰을 본다는 건, TV를 틀어버린다는 건 자신의 인생을 스마트폰과 TV가 이끄는 대로 놓아버리겠다는 '항복 선언'과 같다. 항복할 것인가, 저항할 것인가. 저항을 통해 스스로를 혁명하고 싶다면 집에 들어가자마자 바로 3분간의 독서를 기억하면 좋겠다.

독서는 시간을 '보내는' 행위가 아니다. 주어진 시간을 제대로 나의 시간으로 '만드는' 행위다. 자신의 필요에 의해 면밀하게 검토해 선택한 책을 지금 이 순간에 읽는 것만큼 가치 있는 일이 또 있을까. 앞으로 다가올 미래가 불안하다고 한다. 하지만 책을 읽는 사람은 불안에 갇혀 있지 않는다. 오히려 그 불안 속에서도 자신을 성장시킬 수 있는 기회를 책을 통해 찾아낸다. 내가 만나보지 못한 미지의 세상으로 나가는 출구를 만드는 나만의 시간, 그게 바로 책을 읽는 시간이다.

시간은 그 무엇보다 중요하다. 내가 가장 허망하다고 생각하는 행동이 하나 있다. 연예인들이 여행가서 복불복 게임하는 TV 프로그램을 보느라 잠잘 시간을 놓치는 것이다. 우리는 시간이 없다고 비명을 지르면서 있는 시간을 낭비하는 것에는 '전력 질주'를 한다. 모순도 이런 모순이 없다. 늘 그렇게 시간을 버리고 나서야 우리는 후회한다. 아니 그 시간이 버려진 줄도 모르고 그렇게 하루를 끝낸다.

현대의 시간 도둑은 과연 누구인가. 자본주의는 인간의 하루 24시간을 누가 더 많이 빼앗느냐의 싸움이다. 이 싸움에서 스마트폰은 지난 몇 년간 '무적(無敵) 무패(無敗)'의 대기록을 이어가고 있다. 책이나 잡지, 눈앞의 친구나 가족과 나눠 갖던 시간이라는 희소한 자원을 이제는 스마트폰이 독점하고 있다. 사랑스러운 아이를 앞에 두고 스마트폰으로 야구 중계를 보는 아빠의 모습은 때때로 혐오스럽기까지 하다. 우리는 스마트폰과의 시간 싸움에서 철저하게 패배하고 있는 셈이다. 소설가 김영하는 이런 세태를 다음과 같이 꼬집은 적이 있다.

"어느 소설에서는 부자가 빈자에게 돈을 주고 시간을 산다. 하지만 현실에서는 애플과 삼성이 만든 스마트폰 이 공짜로 우리의 시간을 빼앗아가고 있다."

(출처 : 〈조선일보〉 2014년 7월 14일자)

우리 모두는 자기 시간 지키기에는 혈안이면서 그렇게 가까스로 지켜낸 시간을 엉뚱한 도둑에게 자발적으로 바치고 있다. 이제부 터 우리는 시간 도둑과의 전쟁을 치를 준비를 해야 한다. 정말 소 중하고 귀한 삶의 순간들은 스마트폰 액정 바깥에 있는데 우리는 이 단순한 사실을 자주 잊는다. 자꾸만 그 사실을 상기시키지 않으 면 우리는 스마트폰에게 매시간을 질질 끌려다니게 될 것이다.

책은 시간 도둑으로부터 나를 보호해주는 유일무이(唯一無二)한 도구다. 책을 읽어서 잘못된 사람이 있는가. 없다. 나를 보호해주는 방패가 많지 않은 이 험한 세상을 어떻게 싸워야 할지 냉철하게 고 민해보자. 이때 외롭게 혼자서 시간 도둑과 싸우려 하지 말자. 든 든한 방패인 책을 내 무기로 두자. 짧은 거리를 버스로 이동한다고 하더라도 자리에 앉을 기회가 생기면 제발 책을 펴자. 그러면 된다. 지하철에서 빼곡하게 앉은 사람들이 일사불란하게 스마트폰과 '사 랑'을 나누고 있다면 한 번 비웃어주고 당신의 독서를 시작하라. 카카오톡과 밴드에서 오가는 수없이 많은 대화가 진정한 소통이라고 믿는 사람들을 우습게 여겨라. 대신 책으로 당신을 가득 채워라.

당신이 얼마나 많은 시간 동안 책을 읽었는지는 지금 중요하지 않다. 그저 책을 읽는 그 순간, 당신이 스마트폰과 패드 혹은 노트북에서 나오는 마력(魔力)의 희생양이 되지 않은 것만으로도 책은 그 임무를 충분히 완수한 것이다. 당신의 시간을 헛되이 쓰지 않기 위해서 오늘부터라도 책이라는 방패를 항상 소지하길 권한다. 당신의 시간을 온전히 당신의 것으로 만들기를 바란다.

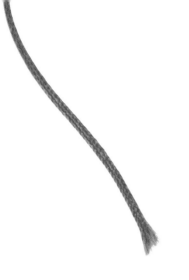

주말엔
도서관으로

'도서관'이 있다. 이렇게 말하고 보니 우습다. 마치 '금강산이 있다'고 말하는 것처럼 느껴진다. 왠지 가까이 있고 지나가다 본 적도 있지만 한 번도 가보지 못한 곳처럼 말이다. 우리의 일상과는 먼 것 같다. 하지만 도서관을 이용하는 사람들은 생각보다 많고 또 엄청 잘 이용하고 있다. 나도 본격적으로 책 읽기 시작하면서 도서관이 즐길 거리 많은 '꿀 장소'라는 것을 알았다.

　도서관에는 일단 책이 많다. 비슷한 주제의 책을 한꺼번에 쌓아놓고 볼 수 있는 장점이 있다. 만약 누군가와 대화가 잘 되지 않는 어려움이 있는가. 그렇다면 앉을 자리가 없는 서점보다 도서관에

가라. 서가에 앉아 편안하게 대화와 관련된 책, 예를 들어 화법, 말하기, 커뮤니케이션 등에 관한 책을 마음껏 살펴보자. 마케팅에 어려움을 느끼고 있다면 마찬가지로 도서관에 가서 마케팅 관련 책을 쌓아두고 — 물론 대출해주는 권수가 있기 때문에 10권, 20권을 쌓아두는 건 불가능하다 — 집중적으로 읽어 보라.

도서관에는 내가 원하는 최신간 도서 혹은 베스트셀러도 비치되어 있다. 하지만 안타깝게도 그 책들은 인기가 많아 대여 중이어서 볼 수 없는 경우가 많다. 하지만 오히려 이런 기회를 이용하여 예전에 나온 책들을 하나하나 살펴보는 것도 충분히 의미가 있다.

도서관의 장점이 또 하나 있다. 관련 업계의 정보지를 마음껏 볼수 있다는 점이다. 예를 들어 건축과 관련된 일을 하는 사람이라고 해보자. 건축 관련 월간지만 하더라도 엄청나게 많다. 모든 월간지를 구매하려면 수십만 원은 우습게 깨질 것이다. 하지만 도서관에선 이런 잡지를 무료로 편하게 볼 수 있다. 월간지와 같은 정기간행물의 경우 과월호까지 잘 구비되어 있기 때문에 트렌드 파악을 위해 한꺼번에 모아 비교해 볼 수도 있다

도서관을 더 효율적으로 이용하는 방법

도서관은 책만 읽는 곳이 아니다. 문화공간이다. 도서관을 숨소리도 내지 않고 책만 읽는 곳이라고 생각한다면 아마 최근 몇 년간 도서관을 가보지 않은 사람일 것이다. 도서관의 기본적인 공간 구조를 살펴보자.

도서관은 크게 세 부분(물리적으로)으로 나뉜다. 첫째, 열람실. 여기는 자신이 '갖고 온' 책을 공부하는 곳이다. 특히 자격증, 여러 종류의 시험 등을 준비하는 사람들이 자주 이용한다.

둘째로 자료실. 이곳은 우리가 생각하는 독서에 적합한 장소다. 책들이 무수하게 꽂힌 서가가 있고 책상과 의자도 있어 신간 혹은 구간을 마음껏 읽을 수 있는 장소다. 하지만 이곳은 한정된 공간이며 아무래도 과거에 나온 책들이 많고 최신 베스트셀러는 대여 중인 경우가 많아 생각보다 사람이 많지 않다.

셋째, 다양한 문화 프로그램을 진행하는 공간이다. 도서관에 있는 시청각실, 소강당 등은 최근에 인문학, 예술 등의 강좌를 하는 곳으로 바뀌었다. 도서관에서 준비하는 강좌들은 수준도 높고 또 비용도 저렴(혹은 무료)해서 가성비로 따지면 최고의 장소 중 하나다. 나 역시 남산도서관에서 저녁 7시에 진행하는 인문학 강좌를 줄기차게 수강해 들은 적이 있다. 혼자라면 결코 읽지 못했을 책들이었는데 초빙된 강사님이 해설을 해주시니 한결 이해가 쉬웠고 명작의 깊이도 느낄 수 있어 좋았다.

이처럼 도서관은 책 말고도 다양한 프로그램을 당신에게 제공한다. 그래서 자주 드나들수록 좋은 기회를 많이 만날 수 있다. 그러니 이제 도서관을 공부와 연관시키지 말고 문화라는 키워드와 연관해 생각하길 바란다. 당신의 마음을 편하게 만들어주는, 편안한 리프레시의 공간으로 가볍게 생각했으면 좋겠다.

사실 도서관에서 가장 먼저 할 일은 책을 읽는 것보다 도서관을 둘러보는 것이다. 바깥 풍경은 어떤지, 건물은 어떤 구조로 돼 있는지 가벼운 마음으로 살펴보면 된다. 공원 안에 위치한 서울숲 숲속작은도서관(서울 성수동), 한강을 내려다보며 휴식을 즐길 수 있는 광진정보도서관(서울 광장동), 남산타워의 저녁 불빛이 아름다운 용산도서관(서울 후암동) 등은 그 위치 자체로도 이미 우리에게 휴식이 되어준다. 이제 휴식이 필요하다면 도서관으로 향하자.

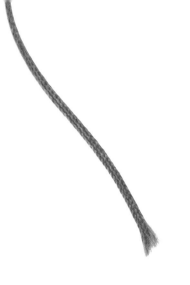

한 달에 한 번은
서점 산책

당신의 집 근처, 그러니까 버스나 지하철로 30분 거리에 서점이 있는가? 그렇다면 당신은 행운아다. 그 행운을 절대 놓치지 마라. 책 읽기를 결심했다면 이만큼 좋은 환경이 또 없다. 개인적으로 내가 대통령이 된다면 세제 혜택을 동원해서라도 서점이 동네방네 가득하도록 만들 것이다. 그만큼 오프라인 서점은 우리의 문화적 교양을 높이는 중요한 곳이다. 지혜의 숲뿐만이 아니라 여유로운 쉼터의 역할도 하는 곳이 바로 서점이다.

 '표저머맺-목다본다'의 방법을 사용한다면 하루에 수 권의 최신 책을 볼 수 있는 곳이 바로 서점이다. 책을 찾는 수많은 사람들을 보면서 독서에 대한 의지를 불태울 수 있는 건 덤이다. 서점에 갈 때마다 나는 이 많은 책들을 빨리 읽고 싶다는 생각에 마음이 벅차고 설렌다. 그럴 때는 독서는 의무가 아닌 권리처럼 느껴진다. 게다가 빠르고 효율적인 책 읽기에서 책 선택은 아주 중요한데 서점은 직접 책을 읽어보고 신중하게 선택할 수 있다는 점에서 아주 훌륭한 곳이다.

또한 지금 가장 핫한 트렌드를 엿볼 수 있다는 것도 장점이다. 주요 관심사의 신간 또는 베스트셀러 매대를 보는 것만으로도 현재의 트렌드를 살펴볼 수 있다. 오늘 당장 서점에 들러보자. 경제경영 분야 매대로 가보라. 회사원이라면 반드시 알아야 할, 자영업자라면 꼭 숙지해야 할 최근의 비즈니스 동향이 그곳에 있을 것이다. 미래를 전망하고 싶다면, 현재의 재테크 상황을 개선하고 싶다면 서점의 경제경영 매대가 당신에게 답을 줄 것이다.

마음이 건강해지는 서점 산책

서점은 인생의 모든 시간을 가장 빠르게 경험할 수 있는 최고의 장소이기도 하다. 광화문 교보문고를 가보라. 불과 한 시간 내외로 어릴 적 추억이 떠오르는 동화책부터 요리, 여행 등의 취미는 물론 내 마음을 다룬 심리와 에세이, 선조의 지혜가 담긴 역사, 과학기술과 자기계발에 이르기까지 수많은 저자들이 고민하고 정리한 삶의 지혜들을 '아날로그 스타일'로 엿볼 수 있다. 수없이 많은 지혜를, 추억을, 통찰을 얻게 해준다는 점에서 서점에서의 한가로운 시간은 나 자신과 만나는 산책의 시간이다. 이를 '서점 산책'이라고 불러야겠다. 이 서점 산책에서 당신이 얻게 되는 건 무궁무진하다.

우선 서점 산책은 누군가와 만나게 해준다. 누군가의 이야기를 책으로 만날 수 있게 된다. 우리는 외롭다. 외로워서 사람을 만나고 싶어 한다. 하지만 점점 사람들은 자신만의 공간에서 나오려 하지 않는다. 자신의 민낯보다 가공된 모습만 자꾸 보여주려 한다. 그래서 SNS에는 자기 자랑만이 가득하다. 학력 자랑, 회사 직급 자랑, 자식 자랑, 돈 자랑, 집 자랑. 그런 것들을 보면서 '좋아요!'를 눌러야 하는 현실이 서글프다.

책은 다르다. 자기 자랑으로 가득한 책도 있지만 대부분의 책은 자신의 아픈 경험을 토대로 솔직하게 내면을 드러낸다. 그 속에서 우리는 '진짜 사람'을 만난다. 누군가를 진심으로 만나는 경험, 그리고 그 책과 대화하는 경험은 외로움에 지친 우리들을 위로해준다.

다음으로 서점 산책은 우리에게 인생살이의 해결책을 제시해준다. 마음이 아픈가. 심리학 코너에 가보자. 몸이 아픈가. 건강 코너에 가보자. 다른 사람의 삶이 궁금한가. 소설 코너에 가보라. 나보다 앞서서 실패와 성공을 경험했던 사람들이 아낌없이 우리에게 노하우를 전수해준다. 이런 곳이 서점 말고 또 어디에 있을까. 동네 뒷산 산책은 몸을 튼튼하게 해주지만 서점 산책은 마음을 평온하게 해준다.

마지막으로 서점 산책은 우리에게 좋은 습관을 만들어준다. 주말에 당신은 집에서 무엇을 하는가. TV 채널만 돌리고 있지는 않은가. 사실 독서는 습관이다. 독서를 위해서는 책을 사야 한다. 책을 사려면 서점에 가는 게 최고다. 충동구매라도 해라. 자꾸 사야 자꾸 읽을 수 있다. 서점 산책은 우리에게 자주 책을 읽을 수 있게 만들어주는 근원이 된다.

악착같이 읽는다,
심지어 야구장에서도

난, 야구를 좋아한다. 트윈스 팬이다. 그러나 이글스의 불꽃야구도 좋아하고, 히어로즈의 막강 타선도 좋아한다. 와이번즈의 대포군단도, 타이거즈의 짜임새도, 심지어는(!) 서울 라이벌인 베어스의 뛰는 야구도 좋아한다.

나는 잠실야구장에 자주 간다. 어떨 때는 일주일에 두세 번도 간다. 회사원이 어떻게 가냐고? 한가하냐고? '칼퇴근'이냐고? 아니다. 회사에서 7시 넘어 출발해 잠실야구장에 도착하면 8시 30분 전후다. 요즘 야구는 워낙 치열하다 보니 이 시간에 가면 5회를 갓 넘긴 경우도 많다. 보통 야구는 10시에 끝나니 많으면 두 시간, 적어도

1시간 30분은 야구를 볼 수 있다. 이 정도면 야구를 즐기기에 충분한 시간이다.

나는 외야석을 좋아한다. 내야석은 일어나서 응원도 해야 하고 아무래도 사람이 많다. 가장 중요한 이유는 외야석이 싸다. 내야석은 만 원이 넘지만 외야석은 만 원 이내로 즐길 수 있다. 유명 커피 전문점의 카페라테 두 잔 가격으로 한두 시간 멍 때리고, 가끔 소리도 지르고, 그라운드에 시선을 돌리는 것, 야구장은 나만의 '힐링캠프' 중 하나다.

나는 우리 트윈스가 공격할 때가 재밌다. 수비할 때는 그리 즐겁지 않다. 수비는 잘해야 점수 안 주는 게임 아닌가. 밑져야 본전이다. 결정적으로 우리 팀이 수비할 때는 점수를 내어줄까봐 가슴 떨려서 잘 못 본다. 트윈스 수비수들이 멋진 플레이를 펼칠 때도 있다는 걸 알지만 그래도 주로 공격할 때 경기를 보는 것을 좋아한다. 그래서 공격할 때만 관람에 집중한다. 그러면 수비 때는?

그렇다. 수비 시간에는 책을 읽는다. 한여름 무더위에도 신기하게 잠실야구장은 시원하다. 열대야가 기승을 부려도 한강변의 바람은 잠실야구장을 서늘하게 한다. 사람도 그리 많지 않은 외야석에서 나는 책을 펴든다. 그 책은 무엇이든지 좋다. 야구 경기에서 매번 돌아오는 수비 시간은 기껏해야 5분에서 10분 내외다. 그 시간에 나는 책의 어떤 부분, 이왕이면 재미있는 부분을 찾아서 읽는다. 내가 좋아하는 야구와 책을 동시에 즐긴다!? 내게는 그야말로 신선놀음이다.

많은 사람들이 이런 말을 한다.

"해외 휴양지에 가보니 서양 사람들은 수영장 옆에서 책을 보면서 여유를 만끽하더라. 우리나라 사람들은 그런 여유가 없다. 휴가가 너무 짧아서다."

어떤 사람들은 휴양지에서 책을 읽는 모습을 꿈꾼다. 내 생각에는 빈탄이나 발리, 몰디브 등의 휴양지보다 잠실야구장 외야석이 책 읽기에는 훨씬 좋고 절대 부족하지도 않은 것 같다. 시원한 바람, 초록의 그라운드, 백색소음이 되어주는 응원소리, 칼칼한 생맥주, 게다가 책만 읽지 말라고 공수가 교대되는 시스템까지. 어떤 사람들은 내게 말한다. 야구장에서는 야구를 봐야지, 무슨 독서냐고. 하지만 야구 볼 시간은 있으면서 책 읽을 시간은 없다고 말하는 사람들에게 나는 한마디하고 싶다. 이렇게라도 하지 않으면 아마도 당신에게는 영영 책 읽을 시간이 생기지 않을 거라고 말이다. 그러니 야구장이든, 목욕탕이든, 그곳이 어디든 기어코 책을 읽어보자.

북캉스를 떠나자

개인적으로 독서하기 가장 좋은 때는 여름 그리고 겨울이다. 나는 유독 추위에 약하다. 내복은 필수다. 나는 영업사원이다. 추운 날, 외근을 나갔는데 영하 15도의 찬바람에 덜덜 떠는 것만큼 초라하고 두려운 일은 없다. 그래서 나는 꼭 내복을 입는다. 어떨 땐 두 개를 입는다. 그리고 따뜻해진 몸만큼이나 활동적이 된 나를 대견해한다. 겨울은 일단 따뜻한 게 '장땡'이다. 여름은 나름대로 견딜 만하다. 나는 더위를 타지 않는 편이다. 하지만 바깥에서 활동하기엔 역시 여름은 겨울만큼 괴롭다. 이럴 때 독서가 최고다. 움직이기 괴로운 여름과 겨울이야말로 독서에 있어 최고의 시즌이다.

여름에 우리는 보통 '바캉스'를 떠난다. 그동안 서먹서먹했던 가족들을 우르르 이끌고 주차장이 따로 없는 고속도로로 나간다. 100만 명이 몸을 담고 있다는 한 해수욕장에 도착한다. 그리고 바가지를 쓴다. 가족여행이라는 탈을 쓴 고된 가사노동을 한다. 일상으로 복귀한다고 또 밀린 귀경길을 서두른다. 우리가 매년 '당하는' 이 과정을 우리는 바캉스라고 부른다. 그렇게 요란하게 다녀와야 다녀온 것 같은 기분이 든다. 이것도 일종의 병이다. 집단 히스테리의 일종이다. 덥고, 지치고, 스트레스 받아 진짜 병을 불러오는 이 짓을 우리는 매번 반복한다. 알 수 없는 의무감으로 말이다.

이제는 '북캉스'를 떠나자. 여름에 피서나 휴양을 위해 떠나는 휴가의 '바캉스'(vacance)와 '책'(book)의 합성어인 '북캉스'(Bookcance)는 휴가를 책과 함께 보낸다는 뜻이다. 남들 다 떠나는 휴가 시즌에 책을 구입하고, 시원한 곳에서 읽으며 여가를 보내는 거다. 취지는 좋은 것 같은데 장소가 문제다. 그래도 집은 벗어나고 싶은데 어디에서 읽으면 좋을까?

해수욕장이나 산에서 선베드에 누워 혹은 계곡에 발을 넣고 한가하게 책을 읽는 것도 좋다. 하지만 과연 그렇게 한가한 계곡, 혹은 해수욕장이 대한민국에 있을까. 해외로 나가면 있을지도 모르겠다. 인도양의 섬, 몰디브에 가면 그런 곳이 있긴 하다. 하지만 우리나라의 여름 계곡들은 책은커녕 아이들이 어디로 사라지지 않았는지 계

속 확인해야 할 정도로 정신이 없다. 즉, 맑고 찬 계곡 물에 발을 담
그고 산바람을 맞으며 책장을 넘기는 장면은 그저 꿈에 불과하다.

그럼 어떻게 하는 게 좋을까? 굳이 멀리 떠나지 않아도 좋다. 서
울에 살고 있다면 오후에는 한강시민공원의 수영장에서 물놀이에
열중하라. 하지만 오전 시간에는 집 옆 카페에서, 평소라면 북적거
렸을 시내 한복판 빌딩 숲의 한적한 커피 전문점에서 책 읽는 시간
을 갖는 게 어떨까.

다들 바다로, 산으로 해외로 떠난다고 해도 더위 속에 차가 막히
고, 가는 곳마다 사람으로 넘쳐나는 고생을 생각하면 떠난다는 게
무슨 의미가 있을까 싶다. 딱히 가고 싶은 데도 없다면 시원한 카
페에 편하게 앉아 그동안 읽고 싶었던 책 속에 흠뻑 빠지는 게 정
답이다. 집도 훌륭한 북캉스 공간이 된다. 잔잔한 음악을 들으며 소
파에서 뒹굴다 대야에 찬물이 넘치게 퍼놓고 발을 담그고 책장을
넘기는 북캉스는 그 어떤 휴가보다 편하고 시원하다.

좀 더 '럭셔리'해지고 싶다면 사람들이 모두 떠나 한적해진 도심
한복판의 호텔을 이용하는 것도 괜찮다. 수영장이 딸리지 않은 호
텔은 10만 원 초중반의 가격으로도 즐길 수 있다. 시원한 에어컨을
틀어놓고 매트리스의 편안함을 느끼며 자신만을 위한 독서 시간을
갖는 것, 이것이 진짜 마음 편안한 바캉스요, '가성비' 최고의 북캉
스가 아닐까.

제7장

책과 잘
이별할 줄
알아야
진정한 독서가

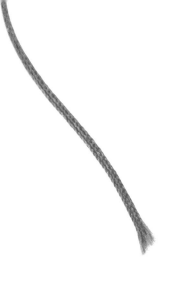

책장은 책을
모셔두는 곳이 아니다

나는 물건을 잘 버리지 못한다. 어렸을 때 쓰던 일기장이며 명찰이
며 자잘한 메모까지 아직도 보관하고 있다. 그런데 책을 버리라니,
그건 정말 나에게 '넘사벽'인 일이다.

하지만 책에 '미쳤던' 경험이 있는 사람이라면 알 것이다. 책장을
가득 채우고도 모자라 침대 옆, 책상 옆, 거실 한구석, 아이 방 책장
에도 책을 놓게 되는 일이 생긴다. 재미없어서 어려워서 도움이 안
될 것 같아서 다 읽지 못한 책들도 버리지 못했다. 지금 생각하면
과거에 체계 없이 구입해서 여기저기에 두었던 책으로 가득 찬 집
안 풍경은 '방황했던 나의 자화상'이 아니었을까 싶다. 지금은 추억

에 잠겨 말하지만 그때는 책이 많아서 부모님으로부터 지저분하다고, 아내로부터는 정신없다고, 아이들에게는 먼지가 난다고 푸념을 들었었다.

지금은 거실을 서재처럼 활용하고 있고 그곳에 가로 4칸 세로 6칸의 책장에 약 700여 권의 책을 보관하고 있다. 다른 공간에는 책장이 없다. 침대 옆 테이블에 읽고 있는 책 한 권, 거실에서 읽고 있는 책 한 권, 이렇게 둘 뿐, 책을 지나치게 많이 쌓아두지 않으려고 항상 노력 중이다. 책 역시 버리지 않으면 새로운 것을 읽을 수 없다는 것을 깨달았기 때문이다.

정리를 해야 또 살 수 있다

예전엔 책을 버리면 지식이 사라지는 것 같은 느낌이었다. 책을 소장한 것만으로도 내 지식인 것처럼 뿌듯해했다. 그래서 어려워서 읽지 못한 책은 나중에는 읽겠지, 재미없었던 책도 언젠가 도움이 될 때가 있겠지, 도움이 안 된 책은 다른 누군가에게 줄 수 있겠지 하는 마음으로 책을 책장에 계속 모셔뒀다. 금액으로만 따져도 몇백만 원을 썼는데 버리는 건 더더욱 쉽지 않았다.

그러나 '나중에 보겠지'라는 이 생각이 가장 큰 문제였다. 장담하지 못할 미래 때문에 '지금 봐야할 책'에 집중하지 못했다. 읽지 못한 책이 산적해 있으니 이 책들을 다 읽고 난 뒤에 책을 사야지, 그다음에 읽어야지 하다가 정작 지금 필요한 책을 구입하거나 읽는 일을 미루게 되었다.

그러다 보니 독서 루틴이 점점 더뎌졌다. 책을 읽고 달려야 할 목표 속도는 시속 100킬로미터인데, 분명 어떤 이유로 읽기를 중단한 책에 신경이 쓰여서, 자꾸 시선이 가고 만지작거리느라 실제로는 시속 50킬로미터밖에 달리지 못하고 있었다.

'지금 읽지도 않을 거면 당장 버리자!'

이렇게 마음먹게 된 것은 책장에 꽂힌 대부분의 책이 몇 년째 위치가 바뀌지 않았다는 걸 깨달은 어느 날이었다. 책장에선 1998년에 발간된 《사무자동화산업기사 자격증》이 꽂혀 있었다. 그해가 지난 뒤 어떤 가치도 없었을 이 책을 계속 가지고 있었다니…. 그런 생각으로 책장을 다시 보니 생각보다 '지금, 여기'의 나와는 전혀 무관한 책들이 상당했다. 그래서 바로 책 정리에 들어갔다.

시간이 흐르듯 책도 흘러야 한다

책은 물과 같다. 흘러야 한다. 나에게만 머물러 있으면 썩는다. 우리 몸에서 피가 머리끝, 발끝까지 잘 순환하려면 심장의 역할이 중요하다. 책장은 내 생각과 행동에 유용한 책을 제대로 공급해주는 심장과 같다. 책장은 책을 보관하는 장소가 아니다. 변화하는 장소여야 한다. 심장에 피가 머물러 있으면 안 된다. 여기저기로 퍼 날라야 한다. 책장이 바로 그래야 한다.

대학생과 신입사원 그리고 10년차 직장인, 자녀가 있는 사람, 없는 사람 등 살면서 겪는 인생 변화에 따라 그때그때 자신이 중요하게 여기는 가치는 계속해서 달라진다. 신입사원일 때는 회사에 잘 적응하고 업무를 익히는 게 지상 최대의 난제처럼 느껴지지만 10년차 직장인에게는 조직을 운영하고 인재를 관리하는 일에 더 큰 관심을 두게 된다. 그렇다면 자신의 책장 역시 조금씩 달라진 관심사와 주제, 목표에 따라 변해야 한다.

책장을 보면
인생의 중요한 것이 보인다

책을 구입하는 과정과 동일하게 책을 버리는 과정도 '선택'이다. 언젠가 나는 사진에 관한 책들을 사고 모았었다. 단행본은 물론 월간지까지 꽤 많은 책이 책장을 가득 채우고 있었다. 그러던 어느 날 잘나가는 회사 동기가 사내강사로 나서서 우리 회사의 재무제표에 대해 프레젠테이션하는 걸 보게 되었다. 숫자 몇 개를 갖고 지금 현재 우리 회사의 상황을 설명하는 것을 보고 '멋있다'는 생각과 함께 '나는 그동안 뭘 하고 있었지?' 하는 자괴감이 들었다.

퇴근하고 집에 도착해 사진에 관한 책을 모두 버렸다. 온라인 서점에서 회계와 재무에 대한 몇 권의 책을 주문했다. 내가 해야 할 독서는 사진에 관한 것이 아니라 회사의 숫자에 대한 것임을 깨달은 것이다. 내 인생에 변화를 주고 싶은 마음이 컸다. 사진에 관한 책을 버리면서 나는 지금 필요한 지식과 지혜가 무엇인지 다시 생각해보게 되었다. 재무 쪽은 전혀 문외한이었기 때문에 관련 책을 읽는 건 다소 어려운 일이었지만 그래도 그때 관심을 둔 덕분에 지금 나름대로 재무제표를 보며 회사의 건전성을 추측해보는 실력이 된 것 같다. 어쨌거나 과거의 책을 버리면서 내 열정의 방향을 알았다는 것, 곧 나에게 소중한 것이 무엇인지 알게 되었다는 것은 최고의 소득이었다.

책을 버리는 것은 일종의 자기발견이다. 물론 책이 고작 몇십 권밖에 없다면 이런 정리는 시기상조일지도 모른다. 책을 사 모으는 것 역시 연습이 필요하다. 다만 책 보관의 '임계점'을 넘어서는 순간, 곧 몇백 권으로 불어난 책을 보면서 답답함을 느낀다면 책을 정리해야 한다. 그 책들을 정리하면서 나의 열정을 다시 발견하게 되고 내가 하고 싶은 일을 찾는 소중한 순간을 깨달아야 한다. 더 이상 책을 버릴 수 없다고 느낀 그 순간, 최대한 객관적으로 책을 남기고 선택하는 힘, 이 능력을 기를 필요가 있다.

내가 책장을 정리하는 방법

나는 정기적으로 책장을 정리한다. 나 같은 경우 1년 평균 100여 권의 책을 구입한다. 도서관에서 책을 빌려 읽기도 하니까 실제로 읽는 건 300~400권 정도 되는 것 같다. 어쨌거나 구매한 책까지 모두 포함해서 책장에 있는 책이 최대 1,000권을 넘지 않도록 관리한다.

책장 배치는 크게 네 부분으로 나눈다. 현재 나는 업무(경제경영: 영업), 강연과 집필(자기계발: 커뮤니케이션, 화술, 시간 관리), 대학원(명상 및 요가), 가족(육아) 등 크게 네 가지 분야를 중점으로 책을 구입하고 또 읽는다. 책장도 이에 맞게 섹션을 나눠 책을 배치한다.

만약 어떤 책을 찾고 싶으면 해당 섹션에서만 찾으면 된다. 섹션 안에서도 분류를 다시 하는데 그것은 도서 분야로 나눈다. 예를 들면 강연과 집필 섹션에서 첫 번째 칸에는 커뮤니케이션 화술, 두 번째 칸에는 독서법, 세 번째 칸에는 시간 관리와 기타 자기계발서, 마지막 칸에는 자기계발과 관련 있는 심리서와 인문서를 배치한다.

1년에 한 번 대대적으로 책장을 정리할 때는 올해 구입한 책과 그렇지 않은 책으로 구분해 책장에 남길 것인가 말 것인가 판단한다. 그때 아래의 질문을 활용하면 좋다.

1) 올해 구입한 책의 경우

　- 자신의 목표에 얼마나 도움이 되었나?

　- 읽은 내용을 현실에 적용해보았는가?

2) 올해 구입한 책이 아닌 경우

　- 책에서 다루는 주제가 '지금 내게' 아직도 유효한가?

　- 필요한 책이라도 혹시 개정판이 나온 건 아닌가?

　예를 들어 올해 초에 나는 자녀교육 부분 중 유아기에 해당하는 책을 모두 버렸다. 이유는 간단하다. 아이들이 이미 유아기를 지났기 때문이었다. 물론 그와 관련된 강연은 계속하고 있지만 이에 대한 자료는 이미 충분하다고 생각했고, 더 나아가 청소년기에 접어드는 아이들의 성향을 파악하는 책을 읽으며 부족한 부분을 보충할 수 있다고 생각했기 때문이었다. 약 30여 권의 책을 버렸고 그 두 배에 가까이 되는 50여 권의 책 — 청소년과 관련된 주제 — 을 샀다.

　참고로 출간일이나 독서일 등은 책장 정리에 있어 중요하지 않다. 그저 많은 책을 읽고자 하는 거라면 상관없지만 나처럼 강연이나 집필을 위한 자료 수집의 목적이나 기타 뚜렷한 목표를 갖고 있는 사람에게 출간일이나 독서일은 정리 기준이 아니다. 그 책의 필요 여부가 문제일 뿐 책이 나온 시점은 정리에 있어 중요하지 않기 때문이다.

잘 버릴 줄 알아야
잘 선택하게 된다

책을 버리는 첫 번째 단계는 '판매'다. 최근에는 중고서점 운영이 잘되고 있어 쉽게 책을 팔 수 있다. 종로와 신촌, 강남 등을 비롯한 번화가에 오프라인 중고서점이 곳곳에 있다. 온라인으로 신청하면 택배기사가 직접 방문에 책을 수거하기도 하니, 오래전 헌책 덩어리를 끙끙대며 청계천에 가서 책을 팔던 것과 비교하면 엄청나게 편리해졌다.

중고서점에서는 책 상태에 따라 상, 중, 하의 가격 차등을 주어 매입한다. 책을 '괴롭히면서' 읽었다면 중고서점에 팔지 못할 가능성이 크지만 여러 이유로 읽기를 중단해 그 상태가 좋다면 중고서점에 팔기를 권한다. 또 중고서점은 기존 매입량이 많거나 독자들이 찾지 않는 책은 잘 매입하지 않는다. 구간보다는 신간일수록 비교적 가격이 높게 책정되는 점도 알아두면 좋다. 내 경우 3개월에 한 번 내다 팔 책을 고르는데 상태가 좋은 책이나 최신간을 팔게 되면 꽤 좋은 값을 받는다.

읽었던 책을 중고로 팔게 되면 새로운 책이 나를 유혹할 때 어떤 기준으로 책을 선택해야 하는지 신중해지게 된다. 예전에 나는 신문에 나온 책 서평을 보고 책을 구매하는 일이 많았다. 서평이 괜찮으면 무작정 온라인 서점에서 구매하기 일쑤였다. 기자가 엄선한 책들은 시의성이 있거나 글 자체가 훌륭한 책들이 많았다. 하지만 일부는 내가 생각했던 책이 아니어서 몇 장 읽기도 전에 책장으로 직행한 책도 꽤 있었다. 생각보다 너무 전문적이거나 처음 생각했던 주제와는 다른 메시지를 던지는 책들이 그에 해당됐다.

들은 바에 따르면 언론사 서평의 일부는 출판사의 보도 자료를 기반으로 쓰는 일이 많다고 한다. 보도 자료는 출판사에서 책의 장점만 부각해 작성, 언론사에 배포한다. 결국 보도 자료를 기반으로 작성된 서평은 출판사의 출간 의도나 마케팅 포인트에 초점을 맞춘 내용일 가능성이 높다. 물론 그렇다고 해서 각종 언론사의 서평을 무시하라는 말은 아니다. 그 서평을 통해 책에 대해 흥미를 갖는 것도 충분히 가치가 있는 일이기 때문이다.

책과 기분 좋게 이별하기

동화작가 선현경의 《날마다 하나씩 버리기》라는 책을 굉장히 인상
깊게 읽었었다. 죽어도 못 버리는 사람, 소위 '호더'(Hoarder)였던
저자는 어느 날부터 365일간 '날마다 하나씩 버리기'를 실천했다
고 한다. 그는 나처럼 버리는 것을 못내 아쉬워하는 사람에게 버리
기에 대한 일기를 쓰라고 조언했다. 일기조차 귀찮다면 다음의 방
법을 쓰라고 권한다.

> "버릴 물건을 스마트폰으로 찍고 간단하게 메모해도 된
> 다. 버리기 아까운 물건은 사진으로 찍어 필요로 하는
> 사람들에게 보여주고 원하면 준다. 물건을 하나씩 버리
> 고 나눠주면서 우리 가족이 변했다. 무조건 싸다고 사지
> 않고 물건의 쓰임새를 살핀다. 예전보다 물건을 사는 양
> 이 확 줄었다."
>
> (출처 : 〈동아일보〉 2014년 9월 6일자)

그는 물건들과 이별을 하면서 오히려 타인에 대한 배려를 배웠
다고 한다. 버림을 배려와 연결시키다니, 그 통찰력이 멋지다. 사실

우리가 버려야 하는 것은 양말이나 낡은 건전지가 아닌 누군가의 노력이 온전히 들어간 책이다. 그 책과 이별하는 방법은 다른 물건 과는 조금 달라야 한다. 그래도 한때 내가 아끼고 선택했던 책이니 가능하면 아름다운 이별을 준비하는 게 독서가로서의 도리다. 그 것이 책에 대한 배려이기도 하다. 내게는 이제 필요 없지만 세상 누군가 단 한사람에게라도 도움이 되도록 책을 보내주는 건 어떨 까. 나에게는 필요 없지만 누군가에게는 꼭 읽고 싶은 소중한 책일 수 있으니 그 누군가에게 '아무 조건 없이' 당신의 책을 주는 것이 다. 누구에게 보내야 할지 모르겠다면 아래의 사이트를 참조하자.

책다모아(국립중앙도서관 도서기증운동)
: www.nl.go.kr/sun/
사랑의 책나누기 운동본부
: www.booknanum.org/

이런 곳에선 개인의 서재에서 잠자고 있는 책들을 전국에 있는 작은 도서관, 문고, 병영도서관 등 책을 필요로 하는 소외지역 도서 관에 다시 나누어준다. 우리가 보내는 헌책 등을 판매, 대여, 기증 하고 그 수익금을 통해 희귀난치성질환, 심장병 등으로 고생하는 어린이에게 치료비 및 생계비 지원 등을 하는 곳도 있다. 나와 한

때 인연을 맺었던 책들이 이렇게 착하게 사용된다면 '아름다운 이별'이라고 불러도 괜찮지 않을까? 집에 놔두었다면 다시는 읽지 않았을, 아니 계속해서 부담으로만 남아 있을 먼지 쌓인 책들이 누군가의 지식이 되고 지혜가 되며, 더 나아가 누군가의 생계와 건강까지 도와주는 아름다운 물건으로 변한다. 이제 행복한 이별을 해보자. 나와 책이 마지막으로 세상을 향해 베푸는, 새로운 가치를 아낌없이 전파하는 선행이 될 것이다.

오늘 뭐 읽지?

2017년 국내 성인의 독서율 통계를 보게 되었다. '59.9퍼센트.' 10명 중 4명은 1년에 단 한 권의 책도 읽지 않는다. 그렇다면 한 달에 한 권, 그러니까 1년에 12권을 읽는 사람의 비율은 도대체 얼마나 작은 숫자로 나타날까. 한 달에 10권 이상을 읽는 사람의 비율은?

초연결, 초지능이 화두인 미래가 우리의 코앞에 있다. 새로운 지식과 지혜가 필요한 때이다. 세상의 모든 전문가와 리더들은 인터넷에서 얻을 수 있는 정보는 책에서 얻을 수 있는 베네핏(benefit)과 비교할 수도 없을 만큼 열악하다고 한다. 지금 당신 손에 쥐고 있는 건 무엇인가? 책인가, 스마트폰인가?

어떤 미래 생활자가 되고 싶은가. 누군가의 꼭두각시로 삶을 살고 싶은가 아니면 스스로 인생의 설계자가 될 것인가. 갈 곳 몰라 허둥대는 좀비와 같은 인생을 살기 싫다면, 주체적으로 세상을 해석해내면서 사는, 더 나은 삶을 원한다면 답은 오직 책뿐이다. 책속에 나 그리고 당신의 미래가 담겨 있다.

'오늘 뭐 먹지?'를 고민하는 것 이상으로 '오늘 뭐 읽지?'를 머리에 떠올리는 우리가 되길 바란다. 나와 당신이 어딘가에서 우연히 만났을 때 첫인사는 "요즘 어떤 책 읽으세요?"였으면 좋겠다.

'아는 척' 대신 '아는 책'을 말할 수 있는 사람이 되겠다고 다짐하며 이 책을 마친다.